Theodor Scherer-Boccard

Eugenius Lachat, Bischof von Basel

Theodor Scherer-Boccard

Eugenius Lachat, Bischof von Basel

ISBN/EAN: 9783743336599

Hergestellt in Europa, USA, Kanada, Australien, Japan

Cover: Foto ©ninafisch / pixelio.de

Manufactured and distributed by brebook publishing software (www.brebook.com)

Theodor Scherer-Boccard

Eugenius Lachat, Bischof von Basel

Deutschlands Episcopat
in Lebensbildern.

II. Heft.

Eugenius Lachat,

Bischof von Basel.

Von

Th. Graf Scherer Poccard.

> „Das sind die Worte und Thaten des Bischofs von Basel. Eine unpartheiische Geschichte wird dereinst urtheilen, ob Schuld und Verbrechen auf Seite des Bischofs oder der Staatsbehörden lag? Hätten wir zu wählen, wir würden hundertmal lieber die Verantwortlichkeit mit dem abgesetzten Bischof als mit der absetzenden Staatsgewalt theilen".
>
> **Historisch-politische Blätter**
> (LXXI. Band, 723. Heft.)

Würzburg 1873.

Leo Woerl'sche Buch- und kirchl. Kunstverlagshandlung.

I. Familien- und Jugenderinnerungen.

Am südlichen Abhange des Berges Roche-d'Or im schweizerischen Jura liegt der malerische Bauernhof Montavon. Um denselben lagert sich ein Kranz nicht minder schöner Höfe mit grünen Wiesen, goldenen Fruchtfeldern und üppigen Baumgärten. Diese Liegenschaften sind seit zwei Jahrhunderten im Besitze der Familie Lachat, und werden von derselben mit ebensoviel Thätigkeit als Geschick bebaut. In diesem patriarchalischen Geschlechte haben sich jedoch auch Güter edlerer Art von Vater auf Sohn fortgeerbt, nämlich: Anhänglichkeit an den katholischen Glauben, Sittlichkeit, Nächstenliebe und Aufopferung. Besonders während der Schreckenszeit der französischen Revolution haben die Lachat's ein schönes Beispiel gegeben. Als der zerstörende Sturm am Schlusse des 18. Jahrhunderts das unglückliche Frankreich durchtobte, die Kreuze zertrümmerte, die Kirchen schloß, die Priester verjagte oder auf die Guillotine warf, da suchten und fanden viele verfolgte Geistliche ein Asyl in den Gebirgen des Jura's, zumal am Fuße des Roche-d'Or. In den einsamen Wohnungen der Familie Lachat verborgen feierten sie die hl. Geheimnisse der Religion; von hier aus brachten sie im Dunkel der Nacht auf unbekannten Wegen den Gläubigen die Tröstungen und Gnadenmittel der Kirche, hier einem Kranken das Abendmahl, dort einem Sterbenden die letzte Oelung, hier einem Neugebornen die Taufe, dort einem Brautpaar die eheliche Einsegnung. Bald diente ein Kind, bald eine Tochter, bald ein altes Mütterlein oder ein geschäftetreibender Bauer den ebenfalls in Bauernkleidung gehüllten Geistlichen als Führer auf diesen gefährlichen Liebesgängen, die im Falle der Entdeckung sowohl den Beschützten, als den Beschützer auf das Blutgerüst geführt hätten. Wirklich wurden einige dieser geistlichen Flüchtlinge erkannt und als Opfer ihres edlen Eifers zum Tode verurtheilt; aber keinem Einzigen konnten die Gewalthaber den Namen der Personen entreißen, welche ihnen eine Zufluchtsstätte gewährt hatten. Noch gegenwärtig sind diese Verstecke in den Baurenhäusern der Familie Lachat zu sehen, sie bilden ein Denkmal der christlichen Aufopferung und sind eine Schatzkammer der Gnaden geworden, mit welchen Gott die Nachkommen dieses Geschlechtes gesegnet hat.

Den 14. October 1819 erblickte auf dem Hofe Montavon ein neuer Sprößling das Licht der Welt und erhielt in der Taufe die Namen Aimable, Johann, Claudius, Eugenius: wer hätte an der Wiege dieses Kindes vermuthet, daß ein künftiger Bischof von Basel geboren worden sei?

Schon im zarten Alter sah Eugenius zwei Särge sich für immer schließen, er verlor das Theuerste, was ein Kind auf Erden besitzt: Vater und Mutter. Die Vorsehung gab ihm jedoch in dem Pfarrer von Grandfontaine einen zweiten Vater. Der hochw. Hr. Farine gewann den talentvollen Eugenius lieb, nahm ihn zu sich in den Pfarrhof und ertheilte ihm selbst den ersten Unterricht. Sodann wurde der Knabe nach Besançon gesandt, um da seine Studien fortzusetzen. Es geschah dies unter der Leitung seines vortrefflichen ältern Bruders Franz, welcher dazumal in der gleichen Stadt philosophische und theologische Vorlesungen hörte und sich zu seinem schriftstellerischen Berufe vorbereitete[1]).

Eugenius machte in Besançon mit günstigem Erfolge seine Gymnasialstudien und stand im 17. Altersjahre am Scheideweg der Berufswahl. Von Kindheit an fühlte er sich zum Priesterthum gezogen, die Studien hatten ihn in dieser Stimmung bestärkt und mit freudiger Aufopferung und mit Gottes Gnade entschloß er sich zum Dienste der Kirche. Aber wo die theologischen Studien antreten, wo sich zum Priesterthume vorbereiten? In seinem Heimatkanton bestand keine theologische Lehranstalt mehr. Die erste Revolution hatte das berühmte Jesuiten-

---

[1]) Franz Lachat hat mehrere geschätzte Werke herausgegeben, wie z. B. die Summa Theologica des hl. Thomas von Aquin in neuer französischer Bearbeitung (16 Bände); Bossuet's sämmtliche Werke in ihrem wieder hergestellten Originaltext; Möhler's Symbolik, welche er in Tübingen unter der Leitung des berühmten Professors französisch bearbeitete; auch war derselbe Redactor einer katholischen Zeitung in Pruntrut, Mitglied des Großen Raths des Kantons Bern rc.

kollegium in Pruntrut zerstört und die zweite Revolution das dortige theologische Seminar aufgehoben, ohne auf deren Trümmern etwas Neues aufzubauen. Ein richtiges Gefühl zog den strebsamen Jüngling nach dem Mittelpunkt der katholischen Welt, nach — Rom.

Auf Gott vertrauend, ohne der Aufnahme in einem römischen Institut sicher zu sein, nahm Eugenius im September 1836 auf dem väterlichen Hofe Montavon von seinen Brüdern und Schwestern unter Thränen Abschied, ergriff den Pilgerstab und wanderte zu Fuß nach Rom. Die Reise ging zuerst nach Maria-Einsiedeln, wo er sich unter den besondern Schutz der Himmelskönigin stellte, dann über den Splügen nach Mailand zum Grab des hl. Carl Boromäus, von da über Bologna nach dem Gnadenorte Loretto und von da endlich nach der ewigen Stadt zum Grabe der Apostelfürsten Petrus und Paulus.

In Rom klopfte Eugenius zuerst an die Pforte des Collegiums der Propaganda und bat um Aufnahme in die berühmte Bildungsanstalt katholischer Missionärs. Aber welcher Schmerz! Alle Plätze waren schon besetzt und unser Jurassier mußte weiter ziehen. Nun klopfte er beim Kaplan der Schweizergarde an; dieser verwendete sich mit Interesse für denselben und war so glücklich, ihm durch Se. Em. Kardinal Franzoni den Eintritt in das Seminar zu Albano zu verschaffen. So hatte Eugenius das nächste Ziel seiner Romfahrt erreicht und den Grund der künftigen Pilgerschaft auf der großen weiten Lebensbahn gelegt.

II. Seminar zu Albano. Priesterweihe.

Das Seminar zu Albano stund unter der Leitung der Priester „vom kostbaren Blute". Diese Congregation ist eine Schöpfung unsers Jahrhunderts, sie wurde von dem frommen Kaspar von Buffalo um das Jahr 1820 gestiftet und hat zum Zwecke, sich für das Seelenheil der durch das Blut Christi erlösten Menschen hinzugeben. Die Congregation bildet einen Verein von Weltpriestern ohne klösterliche Gelübde. Die Mitglieder widmen sich allen Arbeiten des evangelischen Lebens, halten christliche Exercitien in den Klöstern, predigen in den Städten und Dörfern das Evangelium, verkünden das Wort

Gottes den Soldaten und den Gefangenen, stellen sich jedem Bischof zur Verfügung, um an dem Werke der Heiligung der Seelen mitzuarbeiten. Dieselben pflegen ebenfalls die Jugenderziehung, indem sie Collegien leiten, neue Glieder für ihre Gesellschaft heranziehen und Priester für die Seelsorge bilden. Sie arbeiten vorzüglich darauf hin, ihren Zöglingen den Sinn und die Liebe für ernste Studien einzupflanzen, und in ihrem Geist die solide Grundlage der kirchlichen Wissenschaft und der wahrhaft apostolischen Tugenden zu legen. Auf Vernunft und Offenbarung sich stützend, verbinden die Professoren der Congregation die Fortschritte der neuen Wissenschaft mit den Ueberlieferungen des alten Glaubens; da herrscht keine eigenthümliche Theorie, kein ausschließliches System, sondern die allgemeine Lehre, die vollständige Verbindung des menschlichen und des göttlichen Wissens. Sie empfehlen ihren Schülern unbeugsame Festigkeit in den kirchlich entschiedenen Dogmen, Nachgiebigkeit in den streitbaren Meinungen, überall Liebe und Frieden, gemäß dem Ausspruche des hl. Augustinus: „Wahrheit in dem, was feststeht, Freiheit in dem Unentschiedenen, Liebe in Allem"[1]).

In dieser Lehranstalt zu Albano brachte Eugenius sechs Jahre zu. Hier machte er seine philosophischen und theologischen Studien. Gregor XVI, welcher während dem Sommer in dem nahen Castel-Gandolfo residirte, hatte eine Vorliebe für das Seminar, er beehrte dasselbe wiederholt mit seinem Besuche und ermunterte die Zöglinge durch väterliche Zusprüche. Unserm Eugenius bezeugte der Papst ein besonderes Wohlwollen. Er nannte denselben nur mit dem Namen seiner Heimath: „il Suizzero" („der Schweizer"). Wenn er die Zöglinge zum Fußkuß zuließ, liebte er es, sich auf den großgewachsenen Suizzero zu stützen. Einmal betrat der Papst selbst das Kämmerlein des Eugenius und ruhte in demselben einige Augenblicke aus. Die Mitschüler beglückwünschten den Schweizer zu dieser Huld und wollten darin ein Zeichen guter Vorbedeutung erblicken.

Unter fortwährenden wissenschaftlichen Arbeiten und aszetischen Uebungen verflossen die sechs Seminarjahre. „Die Vorbereitung zum Priesterthum ist, wie Bossuet treffend sagt, nicht etwa die Arbeit einiger Tage, sondern ein Studium von

---

[1]) Vergl. Hornstein S. 77 2c.

langer Dauer; nicht etwa ein plötzliches Kraftaufgebot des Geistes, um sich von dem Laster loszureißen, sondern eine Gewohnheit sich desselben zu enthalten; nicht etwa eine durch die Neuheit erregte, momentane Andacht, sondern eine durch lange Uebung befestigte und eingewurzelte Frömmigkeit." Dieses war der Geist, welcher in der Priesterbildung zu Albano herrschte; in diesem Geiste wurde Lachat Priester und es ging in ihm das schöne Wort Gregors von Nazianz in Erfüllung. "Er war Priester, bevor er Priester war" [1]).

Der 24. September 1842 war der große Gnadentag für Eugenius; Papst Gregor XVI. gestattete ihm, im 23. Altersjahre (also 14 Monate vor der gesetzlichen Zeit) die Priesterweihe zu empfangen und er hatte überdies das Glück, das erste hl. Meßopfer in Rom, in den Katakomben des Vatikans, auf den Gräbern der hl. Petrus und Paulus zu feiern. Wer vermöchte die Gefühle zu schildern, welche die Seele des jungen Priesters im Augenblicke dieses feierlichen Aktes in diesem geheiligten Orte entzückten?

III. Wirksamkeit in Italien.

Das erste priesterliche Auftreten des Abbe Lachat erfolgte als Missionär in Italien. Die Vorsteher des Seminars zu Albano hatten in ihm ein besonderes Talent für Volkspredigten erkannt; sie bestimmten ihn daher mit einigen andern Gliedern ihrer Congregation für das Heil der Seelen im Kirchenstaat, im Königreich Neapel und einigen andern italienischen Provinzen durch Missions-Predigten zu arbeiten.

Seine Sendung führte ihn zuerst in die Gefängnisse und Strafhäuser, und so wurde er sofort mit dem sittlichen Elend der menschlichen Gesellschaft bekannt. Ein Bericht aus der Strafanstalt von Porto d'Anzio sagt hierüber: "Eintretend in die Mitte der unglücklichen, aus dem Schooße der Gesellschaft ausgestoßenen Sträflinge brachte ihnen der junge Missionär Lachat Worte des Friedens und des Trostes. Er bemühte sich, die Hoffnung auf die ewigen Güter in diesen von Verbrechen entehrten, hienieden nichts als Schande und Verachtung erwar-

---

[1]) Greg. Naz. de sancto Basilio, orat.

tenden Seelen zu erwecken. Er brachte sie zur Einsicht, wie sehr die Seeligkeit in dem andern Leben den flüchtigen Gütern dieser Erde vorzuziehen sei; wie viel schmachvoller die Ketten der Sünde seien, als die Ketten, mit denen sie belastet; diese müßten sie tragen, jene könnten sie brechen, sobald sie es ernstlich wollten. Unter den Eindrücken der trostvollen Worte des Gesandten Gottes öffneten diese Unglücklichen allmählig ihre Herzen den Wirkungen der Gnade und den Tröstungen der Religion und der Missionär erlebte es nicht selten, daß sie über ihre Verbrechen und ihre Ausschweifungen weinten und jammerten und daß diese Orte, wo kurz vorher nichts als Lästerungen ertönten, nun von dem Lobe Gottes widerhallten" [1]).

Mit nicht minderm Erfolge wandte er sich an die zahlreichen Fischer und Schiffer der italienischen Seeküste; er wählte hiefür vorzüglich die Abende, indem er ihnen auf dem Hafendamm unter Fackelschein das Wort Gottes vortrug. „Man denke sich — sagt der nämliche Bericht — diese Menge von Matrosen und Fischern auf ihren von den beweglichen Fluthen sanft geschaukelten Schiffen und Barken; man stelle sich den Effekt der zahlreichen Fackeln vor, welche mit den glänzenden Gestirnen auf der durchsichtigen Woge des Meeres wiederleuchteten; sodann die Menge, welche das Gestade bedeckte, — und mitten im Schweigen der Nacht den Missionär mit seiner weithin schallenden Stimme das dumpfe Tosen der Wogen übertönend, und in die Herzen dieses Volkes Saamenkörner des Heiles, Worte des Lebens hinstreuend, — welch' ergreifendes Bild! Der Gedanke an den göttlichen Lehrmeister, wie er an den Gestaden des Meeres von Tiberias predigte, bewegte den jungen Missionär und bot ihm eigenthümliche, glückliche und beredte Vergleichungen, um auf die Seele seiner Zuhörer zu wirken" [2]).

Mit den Predigten in den Strafhäusern und an den Seeküsten wechselten die Missionen in größern und kleinern Städten. Im Süden wird der Missionär mit freudigem Zuruf begrüßt, das ganze Volk, der Clerus mit dem Bischof an der Spitze, begiebt sich an die Thore der Stadt, um den

---

[1]) Hornstein S. 95 und 96.
[2]) Ebend. S. 98.

Gesandten Gottes zu empfangen. Die geistlichen Uebungen dauern gewöhnlich zehn bis fünfzehn Tage. Während dieser Zeit gehört der Prediger nicht mehr sich selbst an. Er ist der Diener Aller, der Arzt eines Jeden, welcher ihm die Wunden seiner Seele aufdecken will. Der ganze Tag und ein Theil der Nacht werden auf diese mühevollen Arbeiten des Apostolats verwendet. Von vier Uhr des Morgens bis zehn Uhr des Abends predigte und beichthörte bei solchen Anlässen unser schweizerischer Missionär. Eine Stunde für die Mahlzeiten, das war der einzige Augenblick der Erholung. Diese strengen Arbeiten blieben aber auch nicht unfruchtbar; sie wurden mit glücklichem Erfolge gekrönt und brachten reichliche Früchte der Gnade und des Heils[1]).

Während zwei vollen Jahren wanderte so Abbé Lachat im Kirchenstaat und im Königreich Neapel herum. Da er in vielen Orten der einzige Priester war, welcher die französische Sprache kannte, so fiel ihm in denselben überdies die Seelsorge der zahlreichen Fremden-Familien zu. Nachdem er so durch eifrige Arbeit in den verschiedensten Kreisen der menschlichen Gesellschaft tiefe seelsorgerliche Erfahrungen erworben und die besten Zeugnisse von den kirchlichen Obern erhalten, wurde er vom Papste zum „Apostolischen Missionär" ernannt und von der Congregation nach dem Elsaß gesandt, um als Vorsteher die Wallfahrts-Station zu den „Drei-Aehren" in der Nähe Colmars zu übernehmen. Bevor er den Boden des liebgewordenen Italiens verließ, begab er sich nach Rom, widmete zwei Monate der Bewunderung und dem Studium der ewigen Weltstadt und reiste sodann über Turin an seinen neuen Bestimmungsort.

IV. Wirksamkeit im Elsaß.

In den „Drei-Aehren" hatte der neue Superior so zu sagen Alles neuzugestalten. Die Wallfahrt war in Abnahme, die Kirche im Zerfall, das Wohngebäude ging dem Ruine entgegen und der Superior hatte für dieses Alles keine andern Hilfsmittel, als die milden Gaben des Volkes in der Umgebung. Auf Gott vertrauend machte er sich an das Werk; die Kirche

---

[1]) Ebend. S. 99. 100.

wurde verschönert, das Gebäude hergestellt und die Wallfahrt wieder in Blüthe gebracht. Oft machte später Herr Lachat die Bemerkung: „Ich war nirgends reicher als in den Drei=Aehren, wo ich nichts hatte."

Während sechs Jahren stand er dieser Station vor; er beschränkte seine Thätigkeit nicht auf den engen Raum der Wall=fahrtskirche, sondern leistete seinen Amtsbrüdern im Elsaß durch Predigen, Beichthören, Missionen, geistliche Uebungen jeder Art Aushülfe und war jederzeit zu jedem Dienste bereit.

In diese Periode fiel die Revolution von 1848 mit all' ihren Stürmen und Nachwehen. An einem Sonntag sah der Superior die Zugänge seines Hauses plötzlich von einer Menge Blusenmännern besetzt. Solche Zusammenrottungen waren in jenen Tagen schlimme Vorboten und die Bewohner Drei=Aehren's erwarteten Plünderung und Brand. Der Superior fragte die Blusenmänner freundlich um den Zweck ihres Besuches und der Anführer der Schaar gab ihm die unerwartete Antwort: „Wir sind Sänger und wollen hier in einem geräumigen Saal des Hauses uns üben". Der Superior, welcher eine ganz andere Musik erwartete, beeilte sich, die Schaar in das Haus einzuführen. Es waren wirklich ehrliche Handwerker, welche mit ihrem Gesang Niemanden als etwa seinern Ohren wehe thaten und die später über die durch ihre Ankunft in Drei=Aehren hervorgerufene Auf=regung selbst herzlich lachten. Die Revolution ließ die Station unberührt und nachdem der Sturm vertobt, blühte die Wallfahrt segensreich empor, wovon wir uns selbst wiederholt auf unseren Ausflügen im Elsaß an Ort und Stelle zu überzeugen das Glück hatten.

Abbé Lachat genoß als Superior die Liebe seiner Mitbrüder, die Freundschaft des Generalvikars Memburg von Colmar und das Vertrauen des hochwürdigsten Bischofs von Straßburg, des gelehrten Monsgr. Räß. Letzterer wollte ihn für das Elsaß ge=winnen und trug ihm eine wichtige Stelle in seinem Bisthum an; allein der bescheidene Priester aus dem Jura war von der Vorsehung zu einer andern Mission in seinem eigenen Vater=lande bestimmt.

Der greise Pfarrer von Grandfontaine, Herr Farine, welcher dem jungen Eugenius den ersten Unterricht ertheilt und sein zweiter Vater geworden, fiel krank. Der ehemaliger Lehrer machte seine Rechte auf die Dankbarkeit des Zöglings geltend und ersuchte ihn, während der Krankheit die Leitung seiner Pfarrei zu übernehmen. Abbé Lachat folgte dem Rufe seines Wohlthäters. In Grandfontaine aber nahmen die Dinge eine andere Wendung. Der fromme Greis fühlte das Schwinden seiner Kräfte und that im Geheimen Schritte bei dem Bischof von Basel, um von dem Pfarramt entlassen und durch seinen Zögling ersetzt zu werden. Um das Maß seiner Freundschaft und Hirtentreue voll zu machen, anerbot sich Herr Farine als Vikar unter seinem ehemaligen Schüler fortzuwirken und so den Rest seiner Kräfte seinen geliebten Pfarrkindern zu widmen. Der hochw. Bischof von Basel entsprach dem edelmüthigen Gesuche des frommen Greisen und ernannte den Abbé Lachat zum Pfarrer von Grandfontaine und den greisen Pfarrer Farine zum Vikar.

„Im Elsaß, so bezeugt die Gazette Jurassienne, erregte das Scheiden des hochw. Hrn. Lachat ungetheilten Schmerz; seine Amtsbrüder, welche so oft ihre Zuflucht zu seiner überzeugskräftigen Beredsamkeit für Volksmissionen genommen, waren betrübt über diesen Verlust und ihre Trauergefühle begleiteten ihn in den Jura zurück. Herr Lachat entschloß sich zu dieser Trennung nur aus inniger Theilnahme für die Pfarrei Grandfontaine, der Nachbarin seines Geburtsortes und aus Pietät für den hochwürdigen Herrn Farine"[1].

V. Wirksamkeit im Jura.

Am 7. Juni 1850 nahm Abbé Lachat Besitz von der Pfarrei Grandfontaine. Er verwaltete dieselbe bis zum 10. August 1855, wo ihn der Bischof von Basel als Dekan und Pfarrer nach Delsberg, dem Hauptorte des jurassischen Bezirks gleichen Namens, versetzte und wo er bis zum Jahre 1863 verblieb.

Alles das, was Abbé Lachat während diesen 13 Jahren für den Jura als Priester, Prediger, Pfarrer, Dekan gearbeitet und gewirkt, aufzuzählen, das würde hier zu weit führen. Wir müssen uns darauf beschränken, einige vereinzelte Züge aus seiner vielseitigen Thätigkeit hervorzuheben[2].

---

[1] Gazette Jurassienne 1850.
[2] Näheres hierüber findet der Leser in dem vortrefflichen Werke des Herrn Hornstein, Luzern bei Räber, 1864.

Vorzügliche Sorgfalt verwendete der Pfarrer auf die Feier des Kirchenjahres durch würdigen innern und äußern Cultus. Er folgte hierin dem großen Bossuet, welcher sagt: „Der Cultus ist nichts als eine Sprache, um das auszudrücken, was man im Innern fühlt". — Die Kirche, von Gott erleuchtet, und von den Aposteln belehrt, hat das Jahr so eingetheilt, daß man darin mit dem Leben, mit den Geheimnissen, mit der Predigt und der Lehre Jesu Christi, in den wunderbaren Tugenden seiner Diener und in den Beispielen der Heiligen die wahre Frucht aller Dinge, kurz einen geheimnißvollen Inbegriff des Alten und Neuen Testamentes und der ganzen Kirchengeschichte findet. In diesem Geiste entwickelte Hr. Lachat seinen Eifer für möglichste Hebung des innern und äußern Cultus. Er setzte vor den Augen seiner Pfarrgenossen den katholischen Gottesdienst wieder in seine Rechte ein, indem er ihm großartige, majestätische Formen verlieh, deren Geheimniß er so gut kannte. Die Pfarrkinder entsprachen auch dem Eifer des Seelenhirten. Der Gottesdienst wurde fleißiger besucht, die Religion mehr geachtet und so bestätigte sich das weise Wort eines Staatsmannes: „der Cultus „ist für die Religion, was die Uebung für die Moral; ohne „Cultus ist die Religion eine leere, bald vergessene Theorie"[1]).

Unter allen Pfarrkindern waren die Kranken und Armen seine bevorzugten Freunde. „Nachdem er edelmüthig seinen Tag dem Dienste Gottes und der Kirche geweiht, wie oft brachte er noch einen Theil der Nacht am Bette eines Kranken oder Sterbenden zu! Der Himmel ist schwarz, der Sturm grollt; gleichviel, der gute Hirt, der sein Leben für seine Schafe gibt, zögert keinen Augenblick, sich der Ruhe zu entreißen, er eilt zu Hülfe einer Seele, die in Gefahr ist und für die er dem höchsten Seelenhirten, Jesus Christus, Rechenschaft ablegen muß". — Bezüglich der Armen bewährte sich sein edles Herz zur Zeit der Hungersnoth A. 1854 — „Als die Theurung der Lebensmittel eine große Zahl Unglücklicher die schrecklichen Qualen des Hungers fühlen ließ, machte der gute Hirte sich selbst zum Bettler und sammelte von Thüre zu Thüre für die Darbenden. In dem Pfarrhause wurden die Lebensmittel gekocht und den Bedürftigen ausgetheilt. Ohnehin für seine Person auf das Noth-

---

[1]) Simeon, Bericht über das französische Concordat.

wendige beschränkt, begnügte sich Pfarrer Lachat zu dieser Zeit mit Schwarzbrod, um vor allem die Hungrigen speisen zu können. Vom Pfarrhause aus theilte er allen Dürftigen die Nahrung für jeden Tag mit und dieß ohne Gepränge, ohne Ostentation, aber unter den ungeheuchelten Segenswünschen der Unterstützten und den Verehrungen aller Mitbürger" [1]).

Ein besonderes Bild der Thätigkeit eröffneten ihm die beiden Jubileumsfeste 1851 und 1853. Nicht nur in seiner Pfarrei, sondern im gesammten Jura trat er da mit dem gleichen Feuereifer, wie früher in Italien als Missionsprediger auf. Hören wir die Berichte von Augenzeugen: „Wir haben den Prediger oft gehört, aber niemals haben wir ihn gewaltiger, beredter gefunden, als in seinen Jubileumspredigten. Da ist es wohl der apostolische Mann, der auftritt, derjenige, den der göttliche Meister Menschenfischer genannt hat. Wie er die ganze Menge der nach seinen Reden begierigen Christen anzuziehen, zu rühren, zu gewinnen wußte. Bald war es ein Wort, welches den verhärteten Sünder erschütterte, niederwarf, bald waren es Töne voll sanften Mitleidens, welche Thränen hervorlockten, einen Keim der Hoffnung in's Herz senkten und da Vertrauen und Liebe erweckten: eine feurige Beredsamkeit, deren Schwung manche liebliche und sanfte Richtung hervorbrachte; eine fruchtbare Beredsamkeit, die im Grunde des verirrten und schuldbeladenen Herzens Gewissensbisse erzeugte und es von dem Joche des Irrthums und der Finsterniß des ewigen Todes befreite." Aus den vielen Missionen, welche er in den Städten und Dörfern des Jura's hielt, erwähnen wir nur der von Seignelégier. „In diesem Mittelpunkte der Industrie, in dieser Gegend großartiger Uhrenfabrikation war zu fürchten, daß die Kirche leer bliebe. Aber auch hier zeigte die Bevölkerung den größten Eifer und das lebhafteste Bestreben, sich die Belehrungen des Gottesgesandten zu Nutzen zu machen. In den Stunden, wo die Predigten gehalten wurden, waren die Werkstätten leer und die Kirche angefüllt. War eine Predigt vollendet, so versprach man sich, bei der nächsten wieder zu kommen. Selbst aus benachbarten Pfarreien strömte eine Masse Arbeiter zu diesen geistlichen Uebungen. Der Herr schien die Schätze seiner Gnaden

---

[1]) Hornstein. S. 134, 177 ꝛc.

und Erbarmungen über diese zahlreiche Bevölkerung auszugießen. Die Herzen öffneten sich heilsamer Reue, heiligen Entschlüssen; Haß, Feindschaften, Zwistigkeiten verschwanden. Alle Gesichter strahlten vor Freude, Zufriedenheit und Glück. Auf die dringende Einladung des Predigers erhielten die Armen reichliche Almosen. Diesen vom Schicksal Enterbten zeigte Gott, daß er ihnen einen Wohlthäter gesendet. Mitten in diesem unwiderstehlichen Aufschwung wurden die Verhärtetsten, die Lasterhaftesten fortgerissen und zur Rückkehr zu Gott geführt. Am Schlusse der Uebungen dieser Mission sah man, — so sagte uns ein Augenzeuge dieser schönen Tage — das entzückendste und köstlichste Gemälde, das man auf dieser Erde betrachten kann. Eine ungeheuere Menge jeden Ranges und Standes bewegte sich andächtig und gesammelt zum hl. Tische, um das Brod des Lebens zu empfangen. Der Arme war neben dem Reichen, der Arbeiter neben dem Arbeitgeber, ein liebliches Bild der christlichen Brüderlichkeit. Dieser Tag wurde durch eine unvergeßliche Prozession geschlossen, an welcher Tausende sich betheiligten. Diese großartige Aeußerung, dieses öffentliche und feierliche Bekenntniß des katholischen Glaubens war ein schöner Triumph der Religion. Jeder wollte seinem Glauben Huldigung, seiner religiösen Ueberzeugung einen selbstständigen und freiwilligen Tribut zollen. Als diese andächtige Menge wieder in die Kirche zurückgekehrt war und der Missionär von der Kanzel herab zum letzten Mal seine apostolische Stimme erhob, da brach von allen Seiten ein Schluchzen aus; der Gesang: Te Deum laudamus, auf die Einladung des Priesters angestimmt, vermochte kaum die Seufzer, welche im Schooße der unermeßlichen Menge sich erhoben, zu übertönen".

Lachat's Ruf als Missionär drang über die Grenzen des Schweizerlands; der Erzbischof von Besançon forderte ihn wiederholt für die Volksmissionen in Frankreich und der seeleneifrige Hirte entsprach immer bereitwillig, sofern sein eigener Oberhirte, der Bischof von Basel und die Verhältnisse es ihm erlaubten[1]).

Herr Lachat hatte eine Vorliebe für die Militär-Seelsorge. Schon in „Drei-Aehren" widmete er den Wallfahrtern im „Soldatenrock" seine besondere Aufmerksamkeit; in Delsberg fand er hiezu Gelegenheit in ausgedehnterm Umfang bei den

---

[1]) Ebend. S. 153. 157—161.

Truppen-Uebungen. Vernehmen wir den Rapport des Präfekten von Delsberg über einen solchen Feldgottesdienst: „Von Morgens 6 Uhr an, — so meldet Herr Kötschet in seinem Bericht, — hört man das Trommeln der in Courroux, Courrendlin, Courtelle, Devellier liegenden Compagnien. Gegen 7 Uhr ersteigt die Musik an der Spitze von zwei Jäger-Compagnien die Höhen des Bannwaldes und läßt ihre heitern Tusche erschallen. Das Manövrirfeld, wo der Gottesdienst gefeiert wird, liegt oberhalb der Stadt Delsberg, der Platz, wo der Altar errichtet ist, bildet ein Viereck, rings von blühenden Bäumen umgeben. Die Luft ist ruhig und man hört nur den lieblichen Gesang der Vögel. Hochw. Hr. Dekan Lachat, von drei Priestern begleitet, erscheint und wird mit militärischen Ehren empfangen; die Musik ertönt und der Dekan läßt seiner hinreißenden Beredsamkeit freien Flug, um erhabene Gedanken an die jungen Vaterlandsvertheidiger zu richten. Welche Wirkung auf alle Anwesende, und besonders auf die jungen Soldaten und ihre braven Offiziere diese begeisterte Anrede in diesem weiten Tempel, dessen Säulen die Berge, dessen Verzierungen die blühenden Bäume, dessen Gewölbe das Firmament und dessen Leuchte die Sonne ist, hervorbringt, mag jeder selbst beurtheilen. Nach der Anrede hält der hochw. Hr. Dekan, assistirt vom Diakon und Subdiakon, das feierliche Hochamt. Am Schlusse bezeugt der Commandant der Truppe demselben seine Anerkennung und Dank für diesen Feldgottesdienst. Wir leben der Hoffnung, so schließt der Präfekt, daß eine so herrliche und ergreifende Feierlichkeit gute Früchte bringen wird. Man kann eine solche Sprache und ähnliche Klänge nicht hören, ohne in sich eine Neubelebung der religiösen Gesinnungen und der Vaterlandsliebe zu fühlen. Aehnliche Feierlichkeiten sollten nicht so selten sein und es wäre zu wünschen, daß, wo es möglich, bei jedem Truppenzusammenzug ein Gottesdienst unter freiem Himmel gehalten würde."

Auch die „Mai-Andacht" und die Verkündigung des Dogma's der erbsündlosen Empfängniß Maria's gaben ihm erwünschten Anlaß, für das Seelenheil seiner Heerde durch besondere Feierlichkeiten und geistliche Uebungen zu sorgen. Herr Lachat hatte von seiner Jugend an eine besondere Verehrung für Maria und er fühlte sich glücklich, die Gefühle der Liebe für die Mutter des Herrn, welche nie auch nur einen Augenblick von dem leisesten Hauche befleckt gewesen, öffentlich auszusprechen, diese Gefühle auch in andern zu wecken und so durch das Vorbild der reinsten Jungfrau auf die Sittenreinheit seiner Pfarrkinder zu wirken. Ein in der festlich gezierten und herrlich beleuchteten Kirche vorgetragenes Marienlied konnte den frommen Priester bis zu Thränen rühren.

Aber nicht immer hatte Decan Lachat solche tröstliche Functionen zu vollziehen; es trafen ihn auch peinliche Stunden in seiner Seelsorge. Zu den schmerzlichsten Aufgaben gehörte die Vorbereitung zweier Verurtheilten zum Tode. Von dem Augenblicke an, da er beauftragt wurde, denselben im Gefängnisse das Todesurtheil zu eröffnen, bis zum Augenblicke ihrer Hinrichtung verließ er sie, so zu sagen, nicht mehr. Die letzte Nacht brachte er nochmals in ihrem Gefängnisse zu, sie tröstend, ihre Seelen stärkend mit dem Brod des Lebens, für sie betend, das hl. Meßopfer für sie verrichtend und um Kraft für die Unglücklichen und für sich selbst flehend. In dem Maaße, als die Todes-Stunde herannahte, fühlte er seinen Muth schwinden; aber im entscheidenden Augenblicke fand er wieder die volle Kraft der seelsorgerlichen Aufopferung; er vollzog das Trösteramt bis zum blutigen Ende und sprach auf der Richtstätte eindringende Worte an die zahllose Menge. „Decan Lachat — berichtet ein Zeitungsblatt — untersuchte die Ursachen, welche auf das Schaffot führen, und er fand dieselben in dem Stolz, im Geize, in der Unzucht, in der Trunkenheit, in der Trägheit und in den traurigen Folgen einer schlechten Erziehung. Er ermahnte die Eltern und die Kinder an ihre Pflichten; er gab Allen Räthe und Weisungen, um der Gesellschaft ähnliche große Uebel zu ersparen. Er beschwor die Zuhörer, das so eben erlebte schreckliche Beispiel sich zu Nutzen zu machen, auf daß die Gerechtigkeitspflege nicht wieder in den Fall komme, solche Urtheile aussprechen zu müssen". — Ueberwältigt durch den Eindruck dieser Schaffott-Predigt, schließt das gleiche Zeitungsblatt: „Ferne sei es von uns, dem menschlichen Herzen die Liebe zum Priester, die Verehrung für seinen Seelenhirten, den Diener des Herrn zu entreißen! Denn an dem Tage, wo die Masse des Volkes sie verachten wird, werden auch die bürgerliche Autorität, die väterliche Autorität, alle Autoritäten mißachtet werden; wer vor den Priestern keine Achtung mehr hat, wird vor keiner Autorität mehr solche haben¹).

In seinen pastorellen Arbeiten stieß Herr Lachat selbstverständlich auch auf Mißbräuche; er mußte hie und da gegen Verirrungen auftreten; aber er bewahrte immer die Geduld und Liebe für die Verirrten. „Wenn er bisweilen genöthiget war, von dem Lehrstuhl der Wahrheit seine Stimme gegen Mißbräuche zu erheben, so wußte er, daß nicht die Schärfe einer maßlosen Sprache das Mittel hiezu sei; er begriff, daß nicht die Hitze eines heftigen und aufbrausenden Charakters dem Worte Nachdruck und Eingang verschaffe. Er sprach immer mit Maß, mit Klugheit und einer Milde, welche doch die Energie nicht ausschloß. Allerdings verstand er es, auch harte Wahrheiten auszusprechen, aber immer im Ton der Liebe. Man sah, daß er einem tiefen Gefühl der Ueberzeugung und der Pflicht folgte, aber niemals in der Absicht zu verletzen. Und so war die Wirkung seines Wortes um so größer, je mehr der Mensch verschwand, um nur den Priester, den Seelenhirten in seiner erhabenen Freundschaft und unveränderlichen Liebe sehen zu lassen."²)

Herr Dekan Lachat war auch Mitglied der Erziehungscommission und des Collegiums in Delsberg und widmete den Schulen und besonders dem Religionsunterricht seine besondere Sorgfalt. Die wenigen freien Stunden, welche ihm seine Amtsgeschäfte ließen, schenkte er dem Studium; er übersetzte die Homilien des berühmten italienischen Predigers Ventura in das Französische. Drei Oktavbände sind die Frucht dieser verdienstvollen, besonders für angehende Kanzelredner höchst nützlichen Arbeit.

So wirkte Herr Lachat als Pfarrer in Grandfontaine, als Dekan in Delsberg, als apostolischer Missionär im Jura; er war ein Mann des Friedens und der Versöhnung, ein von allen Partheien geachteter guter Hirte im vollen Sinne des Wortes. Auch bezeugte ihm Papst Pius IX. durch ein Breve vom 3. Mai 1862 seine besondere Huld und Anerkennung.

---

¹) Jura vom 12. Sept. 1861.
²) Hornstein S. 170. 171.

VI. Wahl und Consekration zum Bischof von Basel.

Plötzlich wiederhallten im Frühjahr 1863 die Gebirge des Juras von Kanonendonner; Glockengeläute, Musikfanfaren und Freudenfeuer verkündeten ein großes Ereigniß. Was ist geschehen? Der Telegraph hat aus Solothurn den Jurassiern die Botschaft gebracht, daß ihr Mitbürger Eugenius Lachat zum Bischof von Basel ernannt sei. War diese Nachricht für Jedermann, so war sie vorzüglich für den Erwählten eine unerwartete. Als die Delsberger sich beeilten, ihren Pfarrer zu beglückwünschen, sprach er: „Ich gedachte, bei euch zu leben und „zu sterben, zu ruhen mitten unter meinen theuern Pfarrkindern; „aber es scheint, daß Gott es anders geordnet habe. Ich hoffte, „meine Asche mit der Eurigen zu vermischen; ich hoffte, daß „mein Grab in dieser Pfarrgemeinde einen Platz finden und „daß ihr auf demselben euere frommen Gebete sprechen würdet. „Aber seid fest überzeugt, daß, wenn der Körper auch von Euch „sich entfernt, das Herz, der Sitz der Liebe, beständig in Mitte „meiner theuern Pfarrkinder bleiben wird. Ich werde Euch nie „vergessen; nein, nie werde ich aufhören, für Euch von Gott „Gerechtigkeit, Liebe, wahres Glück und Heil zu erflehen; ich „werde an diesen Gott der Erbarmungen meine Wünsche und „mein Flehen richten, daß er seine Gnaden und Segnungen „ausgieße über Euch, Euere Familien, diese Pfarrgemeinde, über „jedes meiner theuern, innig geliebten Pfarrkinder, die ich mit „einer von Trauer und Schmerz zerrissenen Seele verlassen „werde."

Geistliche und Weltliche wetteiferten, dem Erwählten ihre Freude zu bezeugen. Die Geistlichkeit des Juras eröffnete sofort eine Subscription, um ihm eine prachtvolle Mitra und einen kunstvollen Bischofsstab zu schenken. Die Stadt Delsberg überreichte ihm einen Prälatenring von ausgezeichneter Arbeit mit der Inschrift: „Delsberg seinem hochverehrten Seelenhirten 1863." Die Regierung von Bern, die Städte, die Gemeinden, die katholischen Vereine ꝛc. sandten Abordnungen und Adressen, die Zeitungen sowohl konservativer als liberaler Richtung sprudelten von Lobartikeln, überall zeigte sich Zufriedenheit und im Jura ungetheilter Jubel. Wir führen aus dem reichen Kranze dieser Manifestationen nur das Zeugniß der Stadt Pruntrut an: „Die Stadt Pruntrut, welche während zwei und einem „halben Jahrhundert die Residenz des Bischofs von Basel war „und dem Glauben ihrer Väter unerschütterlich zugethan ist, „interessirt sich auf besondere Weise an Allem, was die Diöcese „Basel beschlägt. Sie ist glücklich, die Kette der Zeiten gewisser= „massen heute wieder angeknüpft zu sehen. Durch die Berufung „eines **Jurassiers** auf den **bischöflichen Stuhl**, welchen „unsere Christoph von Blaarer, Rink von Baldenstein und so „viele andere tugendreiche und gelehrte Prälaten berühmt ge= „macht haben."[1] — In seiner Antwort auf diese Zuschrift der Stadt Pruntrut schließt sich das Herz des Erwählten in folgen= den Worten auf:

„Ich unterziehe mich der hohen Würde, obwohl ich oder „vielmehr weil ich unwürdig bin. Als armer, unbekannter „Priester, ohne irgend einen Titel, der bei den Menschen auf „etwas Anspruch machen könnte, glaube ich annehmen zu dürfen, „daß Gott mir eine nachsichtige Zustimmung zugewendet habe „und daß meine Berufung zu dem sorgenvollen Amte von seiner „unendlichen Barmherzigkeit herkomme."

„Darin werde ich Muth finden in Mitte meiner Zaghaftig= „keit; darin werde ich auch Kraft finden in Mitte meiner „Schwäche. Gedrängt durch Ihre wohlwollende Ermunterung, „hoffend auf die Unterstützung von Männern, die Ihnen ähnlich „sind, voll Vertrauen auf Denjenigen, der aus Nichts das Größte „macht, will ich die drückende Last auf meine Schultern nehmen. „Möchte ich, wenn der gemeinschaftliche Vater meine Aufopfer= „ung für eine große Familie verlangt, ohne allzu große Er= „mattung das **Kreuz für meine Brüder** tragen! Möchte „ich um den Preis meiner Anstrengungen in einer mit Recht „so berühmten Kirche etwas Gutes wirken."[2]

Die Wahl des Herrn Eugen Lachat zum Bischof von Basel war allerdings nicht nur eine unerwartete, sondern eine auf= fallende, und sie deutet auf die providentielle Leitung, auf den digitus Dei in den Bischofswahlen hin. Oder ist es nicht

---

[1] Schreiben der Bürgergemeinde von Pruntrut v. 1. März 1863.
[2] Schreiben S. Hochw. Lachat an den Bürgerrath der Stadt Pruntrut v. 14. März 1863.

etwas auffallendes, daß für ein Bisthum, welches zu ⁷/₈ aus Deutschen besteht, ein Franzose gewählt wurde und zwar ein bescheidener, einfacher Pfarrer, welcher keinem Einzigen der Wähler (mit Ausnahme der Jurassischen) persönlich bekannt war? Die Ernennung erfolgte in folgender Weise:

Laut Bisthums-Concordat steht dem Domkapitel die Wahl des Bischofs zu, doch soll derselbe dabei Rücksicht auf eine Person nehmen, welche den Regierungen nicht „minus grata" (weniger genehm) sei. Zu diesem Zwecke treffen zur Zeit der Besetzung des bischöflichen Stuhles Abgeordnete der Regierungen in der Wahlstadt ein und bilden die sogenannte Diöcesan-Conferenz. Das Domkapitel entwirft dann vorerst eine Liste von sechs Candidaten und theilt sie der Conferenz mit. Diese kann die ihr allfällig „weniger genehmen" Persönlichkeiten ausschließen, doch so, daß dem Domcapitel immerhin eine freie Wahl unter mehreren Candidaten offen bleibt.

Als der durch den Todfall Karl Arnold's († 17. December 1862) verwaisete Bischofsstuhl wieder besetzt werden sollte, versammelte sich am 20. Januar 1863 sowohl das Domcapitel als die Conferenz der Regierungs-Abgeordneten in Solothurn. Allein da wegen Differenzen mit der Regierung von Aargau zwei Stellen im Domcapitel noch nicht besetzt waren, so wurde die Ernennung verschoben und es entstanden ernste Besorgnisse über Verwicklungen, selbst über Auflösung des Bisthums.

Ein zweiter Wahltag wurde auf den 24. Februar angesagt. Nach bisheriger Uebung eröffnete das Domcapitel der Conferenz confidentiell seine sechs Candidaten. Diese aber erklärte alle Vorgeschlagenen bis auf einen als „weniger genehm" und ließ diesem Einzigen auf der Candidatenliste stehen. Das Domkapitel konnte unter solchen Umständen keine freie Wahl unter Mehrern treffen und abermals stand das Zustandekommen einer Wahl in Frage.

Da fand am 25. noch ein confidentieller Zusammentritt zwischen Abgeordneten des Domcapitels und der Diöcesanconferenz statt; hier bezeichnete die Abordnung von Bern den Herrn Dekan Lachat von Delsberg als eine ihr angenehme Persönlichkeit. Noch am gleichen Abend entwarf das Domcapitel eine neue Sechserliste und setzte Herrn Lachat auf dieselbe. Die

Diöcesanconferenz versammelte sich Nachts und erklärte diesmal drei der Vorgeschlagenen als genehm, darunter Herrn Lachat. Am folgenden Morgen den 26. schritt das Domcapitel nach feierlichem hl. Geist=Amt zur kanonischen Wahl und diese fiel mit 7 von 11 Stimmen auf Dekan Eugenius Lachat. Die Ernennung wurde sofort in der Cathedralkirche verkündet und unter dem Geläute aller Glocken das Te Deum laudamus an= gestimmt.

Der Erwählte, nachdem er die Glückwünsche im Jura entgegen genommen, zog sich vorerst in das Kloster Maria=Stein zurück, um in diesem einsamen Wahlfahrtsorte durch Gebet und Betrachtung sich zu stärken und von Gott Erleuchtung und Muth für die Uebernahme der schweren Würde zu erflehen. Hierauf wurde der Informationsprozeß begonnen und die Bestätigung der Wahl durch den hl. Stuhl nachgesucht. In der Zwischenzeit begab sich Herr Lachat nach München, um sich da in der deutschen Sprache, welche ihm durch seinen Aufenthalt im Elsaß nicht unbekannt war, zu üben und mit den deutschen Zuständen vertraut zu machen.

Unterm 28. September 1863 wurde Amabilis, Clau= dius, Johannes, Eugenius Lachat von Papst Pius IX. im Consistorium zum Bischof von Basel präkonisirt und sodann den 30. November gleichen Jahres durch den hochwürdig= sten Bischof Andreas von Straßburg in der Cathedral= kirche zu Solothurn consecrirt.

Die Consecrationsfeier ging in glänzender Weise vor sich. Der hochw. Bischof von Sitten, der hochw. Bischof von St. Gallen (als Assistenten), der Bischof von Lausanne und Genf, der Bischof= Abt von St. Moritz, die bischöfl. Generalvikare R. P. Theodos von Chur und Mermillod von Genf, die Abgeordneten der Can= tons=Regierungen, der Stadt Solothurn, eine Anzahl Geistlicher, wie sie noch bei keiner Bischofsweihe in Solothurn eingetroffen und eine unzählbare Menge Volkes wohnten derselben bei. Die Hauptfeierlichkeit in der Domkirche währte vom frühen Morgen bis Mittags 12½ Uhr. Darauf folgten weltliche Festlichkeiten, mit welchen die Regierung und der Stadtrath von Solothurn den neuen Oberhirten und die hohen geistlichen und weltlichen Ehrengäste zu beehren sich bestrebten. In diesen Festtagen wur= den von kirchlicher und staatlicher Seite Reden gewechselt; wir entheben den Aussprüchen des neuen Bischofs und des Land=

ammanns von Solothurn folgende Stellen, welche durch die seitherigen Vorgänge ein besonderes Interesse erhalten haben.

„Als katholischer Bischof — so äußerte sich Mgr. „Lachat — ist mir mein Programm schon vorgezeichnet: ich „erhalte es ganz fertig aus der Hand der hl. Kirche, ohne daß „ich Etwas beifügen oder abschneiden darf. Der Bischof wird „sich durchaus in Nichts einmischen, was außer seiner Juris= „diction steht und in der alleinigen Competenz der Staats= „behörden liegt. Ich werde in Ihnen, meine Herren, nicht nur „Männer erblicken, ausgezeichnet durch Eigenschaften des Geistes „und Herzens, und erhoben durch ihr Verdienst auf hohe Stufen „in der socialen Stellung; ich werde vielmehr in Ihren Per= „sonen die Inhaber der obrigkeitlichen Autorität sehen, einer „Autorität, der ich die gebührende Achtung stets zollen werde. „Wenn es daher mir vergönnt ist, auf Ihre Unterstützung und „diejenige der hohen Regierungen, deren Stellvertreter Sie sind, „zählen zu dürfen, so bitte ich Sie, meine Herren, auch Ihrer= „seits auf die Billigkeit und die Mitwirkung des Bischofs von „Basel zu rechnen. Durch solche gegenseitige Einigung werden „wir sowohl der Kirche und dem Staate mit Nutzen dienen; „durch diese Einigung werden wir das Glück des Volkes be= „gründen; denn eben das Glück des Volkes ist ja der Endzweck „der Autorität und Würde. Wie glücklich wäre ich, meine „Herren, wenn ich zu dieser Wohlfahrt des Volkes beitragen „könnte! Denn ich liebe mein Vaterland. Ja, ich liebe es, „weil ich in diesem schönen Lande nicht nur die Geburtsstätte „finde, nicht nur das Vaterhaus, die Erinnerungen meiner Kind= „heit, die Freunde meiner Jugend, diese lachenden Thäler, diese „zauberischen Seen, diese majestätischen Berge, — sondern ich „finde da auch noch die Gerechtigkeit, die Redlichkeit, die Ehre „der Wissenschaft, der Civilisation, alles, was ein frommes, „sittliches, edles, unabhängiges und freies Volk bilden kann. „Sehen Sie, darum liebe ich mein Vaterland, darum bin ich „ihm auf immer ergeben."

„Als Bischof von Basel bin ich der Erbe einer glor= „reichen Vergangenheit, die mittels meines hochwürdigsten Vor= „fahrers, des Bischofs Arnold, sanften und ehrwürdigen Ange= „denkens, mittels des Bischofs Salzmann, des so frommen und „gelehrten, und mittels aller jener großen, in der Geschichte

„hochberühmten Namen hinaufsteigt bis fast zu den apostolischen „Zeiten. Sie sehen, hochverehrteste und hochwürdigste Herren, „wie viele Beweggründe ich habe, dieser uralten und berühmten „Kirche von Basel treu ergeben zu sein, und wie viele Eigen= „schaften, die mir abgehen, erforderlich wären, um auf würdige „Weise die schwere Mission zu erfüllen, die man meinen Schul= „tern aufbürden gewollt. Noch einmal sage ich darum, hoch= „würdigste Prälaten, verehrteste Herren, daß ich die Unterstütz= „ung Aller bedarf, der hohen Regierungen und der Magistrate, „des Domcapitels und des hochwürdigen Clerus, aller derer, „welche das Wohl der Kirche, des Staates und des Volkes an= „streben. Auf den Frieden, die Harmonie, die Einigung und „die Wohlfahrt des großen Bisthums Basel!"

Herr Landammann Vigier hieß in seinem Spruche den neuen Bischof im Namen Solothurns und der Diöcese will= kommen und äußerte die Hoffnung gegenseitigen guten Einver= nehmens. Er sprach seine Hochachtung vor dem civilisirenden, wohlthätigen Wirken der Kirche „unserer erhabenen Mutter" und seine Anerkennung ihrer mit dem Staate gleichberechtigten Stellung aus und betonte die Einheit beider Institutionen als eines Zweiges der Gottheit und ihre Vereinigung zum Wohle der Menschheit. — „Große schöne Worte — bemerkte ein Fest= beschreiber, welche dieser Versammlung eben so hohe Sympathie, als freudige Hoffnung auf eine glückliche Zukunft erwerben."

Als Msgr. Eugenius mit seinen geistlichen und weltlichen Gästen am Schlusse der Festlichkeiten zur Domkirche gelangte, da erglänzte dieselbe in einem Lichtmeer, aus welchem das sinnige, sprechende Wappen des neuen Bischofs: ein „Lamm" und ein „Löwe" und dessen Wahlspruch: „SUAVITER AC FORTITER" hervorstrahlten.

VII. Wirksamkeit als Bischof von 1863—1873.

Die Diöcese Basel ist die größte der Schweiz. Sie um= faßt dermalen die neun Kantone: Aargau, Basel=Stadt, Basel=Land, Bern, Luzern, Schaffhausen, Solo= thurn, Thurgau, Zug.

In diesen 9 Kantonen stellt sich die Zahl der Einwohner in konfessioneller Beziehung laut der Volkszählung von 1870 folgendermaßen:

Kantone	Katholiken	Protestanten	Sektirer	Juden	Total
Aargau	89,180	107,720	432	1542	198,874
Basel-Stadt	12,303	34,453	488	516	47,760
Basel-Land	10,249	43,527	228	131	54,135
Bern	66,007	436,446	2707	1401	506,561
Luzern	128,337	3,837	65	98	132,337
Schaffhausen	3,051	34,466	180	24	37,721
Solothurn	62,078	12,448	99	93	74,718
Thurgau	23,456	69,229	539	84	93,308
Zug	20,083	878	17	15	20,993
Total	414,744	743,004	4,755	3,904	1,166,407

Von den 9 Kantonen sind also nur 3 vorherrschend katholisch und 6 vorherrschend protestantisch; von den 9 Kantonsregierungen haben dermalen nur 2 (Luzern und Zug) eine konservative, 7 eine radikale Richtung.

Als die Diöcese Basel im Jahr 1828 durch das Concordat und die Circumscriptions-Bulle Papst Leo's XII. neu organisirt wurde, umfaßte dieselbe ursprünglich nur die 4 Kantone Bern für den Jura, Luzern, Solothurn und Zug; später sind derselben die Kantone Aargau (1828) Thurgau (1829) Basel für Stadt und Land (1829) und in neuerer Zeit Schaffhausen und Bern auch für die nicht-jurassischen Theile mit Inbegriff der Haupt- und Bundesstadt beigetreten.

Diese Kantone gehörten ehemals zu den drei Bisthümern: Basel, Constanz und Lausanne und das gegenwärtige Bisthum Basel ist also ein dreifaches Aglomerat, von denen jedes früher seine eigenen Diöcesangesetze und Gebräuche hatte.

Diese statistischen und historischen Notizen genügen, um die Schwierigkeiten und Klippen zu zeichnen, welchen jeder Bischof von Basel in seiner Verwaltung nach Innen und

Außen sowohl auf kirchlichem als staatlichem Gebiete begegnet. Auch war die Thätigkeit der drei Bischöfe, welche bis jetzt die reorganisirte Diözese Basel geleitet: Joseph Anton Salzmann (von 1828 bis 1854), Karl Arnold (von 1855 bis 1862), Eugenius Lachat (von 1863 bis jetzt) durch die immerwährenden Conflicte und Collisionen so in Anspruch genommen, daß ihre Wirksamkeit mehr im Abwehren und Vertheidigen als im Aufbauen und Organisiren, mehr im Erhalten des Alten als im Schaffen von Neuem bestehen konnte.

A. Wirken als guter Hirte im Frieden.

Eugenius Lachat trat sein hohes Amt in würdiger Weise durch Acte der Pietät an. Er hielt für seinen seligen Vorgänger Karl Arnold einen feierlichen Trauergottesdienst in der Kathedralkirche, besuchte die Krankenhäuser des Kantons und der Stadt Solothurn, begrüßte die Klöster und richtete an die Geistlichkeit und die Gläubigen einen Hirtenbrief, in welchem er seine Sendung als Bischof u. A. in folgender apostolischer, wir möchten sagen, prophetischer Weise ankündete:

„Wir kommen nicht mit irdischen Absichten, nicht um mit Euch wegen vergänglichen Gütern zu verkehren, nicht um Euch in profanen Dingen zu unterrichten, nicht um eine weltliche Wissenschaft vorzutragen; nein, da sei Gott vor! Nicht unser eigener Vortheil ist es, der uns bewegt; nur Eure unsterblichen Seelen sind es, die Wir suchen, um sie dem Herrn zu geben. Alles, was Wir verlangen, seid Ihr, geliebteste Diözesanen; alles, was Wir suchen, ist Euer Heil und Euer ewiges Glück. Denn was würden auch alles Geld und alle Ehre, alle Vergnügungen und alle Errungenschaften nützen, wenn nach dem Tode, da Euer Leib im Grabesschooße ruhen wird, Eure Seele sich auf immer an den schreckenvollen Ort verbannt sehen würde, wo ohne Unterbruch die schauerlichste Verzweiflung herrscht? Was nützte es dem Menschen, wenn er die ganze Welt gewänne, an seiner Seele aber zu Grunde ginge?

„Freilich, auch Wir können nicht mit gleichgiltigem Blick das zeitliche Wohl, wie das zeitliche Wehe unserer Mitbrüder mitansehen. Auch Wir werden weinen, wenn irgend ein Unglück unsere Angehörigen berührt, werden über deren Glück uns erfreuen. An allen Ereignissen, unglücklichen wie glücklichen, werden Wir stets innigen Antheil nehmen und Freude wie Trauer des Vaterlandes mitempfinden. Die Fortschritte der Kunst, der gewerblichen Industrie und der menschlichen Wissenschaften, die geordnete Entfaltung unserer freien staatlichen Einrichtungen, alles, was die Wohlfahrt des Volkes begründen kann, seinen Character und seine Gesinnungen veredelt, seine wahre Freiheit verbürgt, alles was der Nation Ehre und Ruhm zubringt und ihre Kraft erhöht — mit einem Wort, alles was Gott dem Menschen Schönes, Gutes und Nützliches gewährt, wird auch Unserer heißesten Wünsche Inhalt bilden, Uns am Herzen liegen. Allein, Ihr wißt es, durch Jesus Christus allein wird dem Menschen und der Menschheit das wahrhaft Gute zu Theil; durch ihn, Jesum Christum, wird alles wieder hergestellt und vervollkommnet; durch Jesus Christus kommt dem Menschen Wachsthum und Erhöhung zu, wird die menschliche Natur umgewandelt und geadelt. Ja, ohne seine Lehre, ohne sein Sittengesetz und seine Gnade würden Fortschritt, Civilisation und die Entfaltung aller Institutionen früher oder später dem vom lateinischen Geschichtschreiber so kräftig gezeichneten Schicksal anheimfallen: „Verderben und verdorben werden, das ist, was man Fortschritt des Jahrhunderts heißt". So wahr die hl. Schrift, wie die Geschichte uns lehrt, daß die Gerechtigkeit die Völker erhöht, während das Laster sie in's Verderben stürzt, so wahr und gewiß muß es uns sein, daß Christus die Wahrheit und Gerechtigkeit, er der Weg und das Leben ist.

„Der Himmel ist also doch sicherlich der Erde vorzuziehen, Geliebteste! Unser Verlangen ist, daß der Geist, der die Welt belebt, jedenfalls höher geschätzt und sorgfältiger gepflegt werde als diese Welt. Die Vervollkommnung soll beim Haupte, beim Herrscher beginnen und von da erst zu den dienenden Gliedern heruntersteigen. O Mensch, König der sichtbaren Schöpfung, vollführe Großes! Bändige die reißenden Thiere, die vergeblich auf ihre physischen Kräfte vertrauen; entreiße den Eingeweiden der Erde die kostbaren Metalle, die deine Gewerbsthätigkeit erfordert; gebiete dem Meer, seine aufschäumenden Wogen deinen Füßen zu unterbreiten und dich zu tragen bis an die letzte Grenze des Erdballs; zwinge die Winde, ihre entfesselte Gewalt deinen Segeln zu leihen, daß sie dich führen, wohin du willst; fordere die Gestirne des Firmaments auf, sich deinen Berechnungen unterwerfend, die Führer auf dem endlosen Spiegel des Oceans und in den weiten, öden Sandflächen der Wüste zu sein; mache jene furchtbare, geheimnißvolle Naturkraft (die Electricität) zu deinem Spielball, um durch ihre geschickte Anwendung gleichsam den Raum aufzuheben und alles örtlich Getrennte zu vereinigen; mit Einem Wort, o König der Erde, herrsche, regiere, gebiete mit aller Macht über die Elemente, die dem Reiche deines Schaltens, der Erde, angehören; ich bewundere dich, mein Sinn staunet mit gerechtem Stolze dich an. Allein, im Herrn Geliebte! Euer Bischof möchte Euch noch größer, noch höher an Würde haben; denn, in Wahrheit, durch all' das Gesagte wird der Mensch nicht eigentlich größer, er bleibt immer noch völlig was er ist; selbst indem er den materiellen Erdenstoff hebt und veredelt, kann er selbst — und ach! nur gar zu oft geschieht es wirklich — in die Tiefe sinken, sogar bis zur untersten Stufe kaum neunbarer Erniedrigung. Sehet da ihn, gleichsam hingestreckt, auf dem Erdboden klebend im unreinen Staube seiner Schändlichkeiten, ihn, der bis über die Himmel hinaus sich zu erschwingen vermeinte! Um Lehm zu reinigen, zieht er das Gold in den Koth! Laßt es deshalb Euch nochmals sagen, Geliebteste in Christo! trachtet aufwärts, steiget empor allezeit durch alle die Fortschritte in den sichtbaren Dingen, die zu Gott führen; aber, um Gotteswillen, erniedriget dabei doch nicht Euch selbst, und vergrabet nicht Euer eigenes Herz unter eine Erdscholle, vorgebend, den Staub erforschen, die Gesetze der Natur enträthseln zu wollen. Herrschet immerhin über den Dampf, das Gebiet der Künste und jegliche Wissenschaft; aber haltet Euch immer auf der gebührenden Höhe und vom erhabenen Throne aus ergreife Euer Machtwort alles Niedere. Eben Euch auf diesen glorreichen Thron zu erheben, dessen Grundlage da sind die Gerechtigkeit, die Mäßigung, die Liebe, der Glaube, die Keuschheit, die Geduld, die Festigkeit, die Großmuth, alle Tugenden überhaupt: das ist eben Unsere Absicht, das Unsere Hoffnung, das auch der Endzweck, zu dessen Verwirklichung die hl. Kirche Euch den Bischof verleiht.

„Freilich, dieser so wünschbare Zielpunkt kann nicht ohne Schwierigkeit, nicht ohne Kraftanstrengung erreicht werden. Wer vermag es zu erfassen, was Schreckendes die Verwaltung eines so ausgedehnten Bisthums hat? Nicht zwar, als ob Wir gerade maßlos beunruhigt wären; denn wer einmal sich zum Opfer gebracht und ins Verständniß der Worte des Herrn eingedrungen: „Fürchtet nicht diejenigen, welche „den Leib zu tödten Macht haben, aber die Seele nicht tödten können, „sondern fürchtet vielmehr denjenigen, der Leib und Seele in die Hölle „stürzen kann", — Wir sagen, — wer einmal zum Opfer entschlossen ist und diese Worte des Herrn erfaßt hat, der wird sicher sich weder durch die Drohungen von Menschen, noch durch die Anstrengungen dieses apostolischen Amtes, noch durch die Herbe der nöthigen Opfer erschrecken oder entmuthigen lassen. Mit dem großen Apostel wird er sprechen: „Ich fürchte weder Trübsal, noch Unannehmlichkeit, weder „Hunger noch Entbehrung, weder Gefahren noch Verfolgungen. Meine „Seele ist in Gottes Händen und die Qual des Todes berührt sie „nicht."

„Und sehen wir nicht Aehnliches jeden Tag um uns her? Ohne von jenen edlen Herzen zu sprechen, die Alles erdulden, nur um Gott treu zu sein; sehen wir nicht auch den Krieger tausendmal sein Leben preisgeben, um sein Vaterland zu vertheidigen und seiner Fahne die Treue zu halten? Kann es dem Priester, der in der Schule eines gekreuzigten Gottes gebildet worden, je einfallen, von irgend einer Gefahr, irgend einer Verdrießlichkeit zurückzuweichen, wenn es sich um das Heil der Seelen handelt? Wagt es die Obrigkeit vor den Unannehmlichkeiten zu fliehen, die das hohe Amt für sie mit sich führt? Sollte pflichtgetreue Hingabe etwa so selten in den gesellschaftlichen Verhältnissen unserer Jetztzeit geworden sein, daß man sich darüber in Ansehung eines Nachfolgers der Apostel verwundern sollte? O! glücklich würden Wir vielmehr uns preisen, wenn Wir, auch erliegend unsern Anstrengungen, gleich dem guten Hirten, der sein Leben für seine Schafe gibt, Unsern Mitbrüdern helfen und zum Schafstalle diejenigen, die sich davon entfernt, zurücktragen könnten, auf daß sie von nun an vom wahrem Lichte erhellet seien, dem mörderischen Zahne des brüllenden Löwen entrissen werden und zum Lohne gelangen, welcher der aufrichtigen Reue und der Beharrlichkeit bis an's Ende verheißen ist! Ja, wir glauben stark genug in der Liebe zu all' Unsern von Gott Uns anvertrauten geistlichen Kindern zu sein, um sie bis zur Aufopferung zu lieben. Und jetzt sind wir ganz Euer eigen, Geliebteste! während unser Mund zu Euch spricht, erweitert sich unser Herz in Liebe zu Euch.

„Liebet auch Euerseits Euern Bischof mit jener kindlichen Liebe, die, hienieden wenigstens, unsere süßeste Erquickung sein wird und Unser Trost bei der schweren Verantwortlichkeit, die auf uns lastet, und die der Herr durch die erschreckenden Worte Uns an's Herz legt: „Wenn „der Gerechte seine Gerechtigkeit verläßt und Unrecht begeht, so wird „er des Todes sein; aber weil du ihn nicht davon abgemahnt hast, „werde ich sein Blut von dir fordern." Somit werden Wir eben einst uns verantworten müssen für alles Böse, das wir hätten verhüten können und sollen und das wir nicht gehindert haben, sowie für alles Gute, das wir in Kraft unsers Amtes hätten stiften und befördern können und es zu thun unterließen. Und gerade deswegen schreiben wir Euch Geliebteste! dieses, auf daß Ihr dadurch gewarnt seiet und nicht sündiget, und Wir also mit Gegenwärtigem auch schon in etwelcher Hinsicht der Forderung Unsers Oberhirtenamtes genügen.

„Für das Gelingen dieser verantwortungsschweren Mission werden Wir vor Allem flehend zum Herrn uns wenden, damit er unsere Schwachheit kräftige und unsere Handlungen lenke. Wir vertrauen fest, daß der Allmächtige Uns erhören werde, nicht um Unser willen, sondern der Heerde willen, die Unserer Sorge übergeben ist. In der That hat er Uns auch Gehilfen und Mitarbeiter geschenkt in unsern theuern Brüdern, die das hochwürdige Domcapitel bilden, dessen Lücken, wie wir hoffen, wohl bald wieder ergänzt sein werden, sowie auch an der ehrwürdigen Geistlichkeit des Bisthums überhaupt. O Ihr Priester alle der Diöcese Basel, Ihr Apostel in den Städten und auf dem Lande, die Ihr mit so viel Wissenschaft und so viel Hingebung am Heile der Seelen arbeitet, Ihr, die Ihr Unsere priesterliche Familie ausmachet, glaubt es, es ist uns so süß, Euch zu sehen; so sehnlich verlangen wir, Euch zu trösten in Euern Leiden und Eure Freuden mit Euch zu theilen! Wir wollen in Euerer Mitte sein wie ein Bruder, ein Freund. Umschlungen gegenseitig durch das Band der Liebe, werden wir keine andere Eifersucht kennen, als die der Hingebung für unsere Brüder und die des Eifers für die Ehre Gottes. Erweisen wir Ehre der hl. Kirche, unserer hocherhabenen Mutter, durch unsere kindliche Folgsamkeit, in Allem uns an ihre heiligen Gesetze, ihre ehrwürdigen Vorschriften haltend; erbauen wir die Gläubigen durch stete Ausübung der evangelischen Tugenden, indem wir vor Allem das Reich Gottes suchen und das Heil der Seelen, für die wir zu sorgen haben, und die Wissenschaft mit der Frömmigkeit verbinden, um zur Wohlfahrt des christlichen Volkes und unsers theuren Vaterlandes kräftig wirken zu können.

„Ein Bischof kann vermöge seiner apostolischen Sendung nicht abgeschlossen, losgerissen von der Welt sein; er ist, nach dem Ausdrucke des hl. Paulus, Allen verpflichtet. Er tritt nothwendiger Weise in Wechselverkehr mit den weltlichen Obrigkeiten. O glücklich die Kirche und der Staat, wenn Gerechtigkeit und gegenseitiges Zutrauen, Eintracht und Friede zwischen denen herrschen, welche die Träger der Autorität in Staat und Kirche sind. Heilig entschlossen, Gott zu geben, was Gottes ist, werden wir gewissenhaft auch dem Kaiser geben, was ihm gebührt. Wir leben der Zuversicht, daß die hohen Regier=

ungsbehörden, deren Aufgabe es ist, über die zeitlichen Interessen des Volkes zu wachen, Uns, denen die Sorge für die geistlichen Interessen der Gläubigen anvertraut ist, in unsern Absichten und Bemühungen zur Seite gehen werden. Und da Alles sich gegenseitig hält und umschlingt, so kann es nicht fehlen, daß die beiden Mächte, die geistliche, wie die weltliche, indem jede sich innerhalb des Umfangs ihrer Befugnisse bewegt, sich wechselseitig stützen zum größten Heile der Diöcese. So wird, bei vereinten Kräften, das Laster und die Unsittlichkeit weit nachdrucksamer bekämpft werden, die Religion wird herrlicher aufblühen, die Rechte Aller werden mehr geachtet und geschätzt. Jeder wird glücklicher sein und mit der Hülfe Gottes werden wir dann auch mit mehr Zuversicht einer Zukunft entgegen gehen, die nach vielen Andeutungen bedrohlich erscheint.

„Eltern, Lehrer und Vorsteher jeder Art Bildungsanstalten, ihr Alle, denen die Jugend unsers Bisthums anvertraut ist, vereiniget Eure Bemühungen mit den Unsrigen, mit denen Eurer Seelsorger und Eurer Behörden, um unsere aufkeimende Nachwelt zu aller christlichen Tugend heranzubilden. Erinnert Euch, was Euere Vorväter in den Zeiten des Friedens, wie auf dem Felde des Kampfes gewesen, wie sie, beseelt von der innigsten Religiosität und der reinsten Vaterlandsliebe, weder durch die Annehmlichkeiten der süßen Ruhe sich verweichlichen, noch durch den offenen Feind, wenn auch zwanzigmal stärker an Zahl, sich besiegen ließen. Mit Recht erwarben ihre Tugend wie ihre Heldenkraft, ihre Rechtschaffenheit wie ihr Muth die Bewunderung von ganz Europa. Ihr Name ward zum Sinnbilde der Treue, und man kann von ihnen sagen: ihr Herz gehört Gott, ihr Arm dem Vaterlande. Wollen wir nun die nämlichen Früchte erzielen, so laßt uns unserer hoffnungsvollen Jugend die nämlichen Gesinnungen einflößen. Möge auch diese, ihrerseits, vertrauensvoll an ihre Führer sich anschließen, sie achten und lieben; möge sie emsig sein im Fleiß und in der Arbeit, sittlich und fromm. Das ist die Bedingung zu allem Fortschritt. Wo jene Eigenschaften fehlen, da hört für den jungen Menschen alle Hoffnung, alle Aussicht, alles Glück auf.

„Und weil wir einmal der Bildungsanstalten Erwähnung gethan, so wollen wir gleich noch eine andere Art kirchlicher Anstalten mitberühren, nämlich die klösterlichen Institute beiderlei Geschlechts, die sich in Unserer Diöcese befinden. O ihr Lieben, die Ihr das Glück habt, Mitglieder dieser frommen, von den Gefahren der Welt schützenden Zufluchtsstätten zu sein, Wir rufen Euch zu, seid treu Euerer heiligen und erhabenen Berufung! Gottgeweihte Männer und Jungfrauen, betet für uns. Betet für die ganze Diöcese und fahret fort, durch treue Beobachtung der übernommenen heiligen Verpflichtungen dem Volk eine Quelle der Erbauung und eine Zierde der katholischen Kirche zu sein.

„Auch Ihr, Hüter der altehrwürdigen Collegiat-Stifte, dieser Denkmäler des Glaubens unserer Väter, fahret fort, durch eine erhebende Feier des Gottesdienstes die Herzen himmelwärts zu richten, sie zum Preise des Allerhöchsten zu stimmen, im Einklang mit dem Lobe, das die ganze Natur ihm darbringt, indem der Tag dem Tage, die Nacht der Nacht vom Ruhme des Schöpfers erzählt.

„Und sollten wir Eurer vergessen, ihr Armen in Christo! du vorzugsweiser theurer Antheil Unserer Heerde? Seht an den König der Herrlichkeit, der in äußerster Armuth geboren ward, und gedenket der ewigen Schätze, die Euer Lohn sein werden, wenn Ihr Euch als getreue Jünger des göttlichen Heilandes, der nicht hatte, wo er sein Haupt hinlegte, bewährt haben werdet.

„Aber auch bis zu dem Orte, wo dem Verbrechen die verdiente Strafe zu Theil wird, möge Unsere oberhirtliche Stimme dringen und da verbreiten jene Hoffnung, die aufrecht erhält, jenen Trost, der das Herz erleichtert, jenes Glaubenslicht, das den Menschen erhöhet und adelt! Es wird der Herr für das Jenseits die hienieden geleistete Sühnung hinnehmen und eine gute Aufführung hebt das begangene Unrecht wieder einigermaßen auf. Wir wollen für alle diese Unglücklichen beten, auf daß der Herr ihre Seelen erquicke durch die Salbung seiner Gnade und seine himmlischen Tröstungen.

„Und um Niemanden in unserer oberhirtlichen Ansprache zu vergessen, wollen wir auch alle die, welche nicht der gleichen Heerde mit uns angehören, doch auch unserer aufrichtigsten Liebe versichern. Ohne Unterlaß wollen Wir zum Herrn flehen, daß er das Wort des göttlichen Hirten zur Erfüllung bringe: „Es wird Eine Heerde und Ein Hirte sein".

„Hiemit habt Ihr, in Christo Geliebteste! die Stimme Eures Bischofs vernommen. Wir haben Euch Unser Herz des gänzlichen aufgeschlossen. Nehmet unsere Worte hin als ein Unterpfand unserer Liebe und väterlichen Zuneigung".

Im Geiste dieses apostolischen Programmes beschloß Bischof Eugenius fortan jede Pfarrei seiner großen Diöcese zu besuchen, in jeder das hl. Sacrament der Firmung zu spenden die **Pastoralvisitation vorzunehmen und so Hirten und Heerde persönlich kennen zu lernen.** Er begann dieses große Werk mit dem Kanton Luzern, dem ehemaligen katholischen Vorort der Schweiz und kündete dasselbe in einem Hirtenbrief u. A. folgendermaßen an:

„Eine der ersten Pflichten des Hirten besteht unzweifelhaft darin, seine Heerde kennen zu lernen, sie heimzusuchen und für ihre Bedürfnisse besorgt zu sein. Eben diese uns so süße Pflicht zu erfüllen ist unser nächstes Vorhaben, und mit wahrer Herzensfreude künden wir hiemit Euch unsern oberhirtlichen Besuch, unsere Pastoralvisite an. Von der Warte aus, auf die uns der Herr gestellt hat, wandten Wir nämlich prüfend unsere Blicke nach den verschiedenen Theilen, die unser Bisthum ausmachen, um in Erfahrung zu bringen, wohin Wir vor Allem unsere Schritte zu richten hätten. Denn Ihr wißt es ja wohl, in Christo Geliebteste, alle die Kantone, die zum Bisthum Basel gehören, in einem einzigen Jahre zu besuchen, ist rein unmöglich, wenn gleich unser Herz Alle mit gleicher Liebe umfängt. So vernehmen wir denn, daß der Kanton Luzern es ist, der am längsten keinen Besuch seiner Diöcesan-Oberhirten erhalten, ja wo die Ankunft des Bischofs schon vorhin ersehnt und erwartet ward. Als Wir selbst, vor der Consecrationsfeier, uns in Luzern befanden, konnten wir es sogar aus dem Munde von Kindern vernehmen, mit welcher Ungeduld sie auf die Ankunft des Bischofs warteten. Mehr als einmal nämlich wurden Wir von Kindern selbst in naiver Weise angefragt, wann Wir ihnen die hl. Firmung spenden wollten. Natürlich, aus dem, was die Kinder redeten, war auch das Verlangen und die Gesinnung der Eltern unschwer zu erkennen, und so gereicht es Uns eben zu hoher Freude, uns aufzumachen, um euch, Geliebteste im Herrn zu besuchen und euern Kindern, eurer hoffnungsreichen Jugend die Gaben des hl. Geistes mitzutheilen, indem wir versichert sind, in diesem großen und herrlichen Kanton Luzern treu ergebene Herzen, liebende Söhne und Töchter zu finden.

„Wir haben hier keineswegs die Absicht, euch auseinanderlegen zu wollen, was das hl. Sacrament der Firmung sei. Unsere würdigen Mitarbeiter, eure verehrten Seelsorger, werden sich alle mögliche Mühe geben, die Jugend mittelst eines gründlichen und einläßlichen Unterrichts in erforderlicher Weise zu belehren, auf daß sie nicht nur in allen betreffenden Glaubens-Wahrheiten recht unterwiesen sei, sondern auch für einen würdigen Empfang sich gehörig vorbereite, die große Gnadenwohlthat, die ihr damit zu Theil wird, gebührend schütze und deren Früchte in sich bewahre. O seid doch Alle begierige Hörer dieses Unterrichts, vor Allem, ihr, geliebteste Kinder; theure Firmlinge, aber auch ihr Eltern nehmt ihn zu Herzen und traget insbesondere das Eurige bei, indem ihr eure Kinder zu fleißiger Anwohnung dieses Unterrichts anhaltet. Wir haben übrigens nicht erst jetzt der hochw. Geistlichkeit, unsern werthen Mitarbeitern Kenntniß von Unserm Vorhaben gegeben, sondern ihr im Allgemeinen dasselbe schon vor dem angezeigt. Wenn Wir heute auf feierlichere Weise unsern Besuch bei euch ankünden lassen, so geschieht es hauptsächlich in der Endabsicht, um euch, in Christo Geliebte, die rechte Vorbereitung auf dieses Heilsgeschenk des Herrn dringlicher zu empfehlen, euch insbesondere auch zum Gebete für Uns selbst aufzufordern und für alle die, denen Wir die Hände auflegen werden, auf daß sie sich der Gnadenschätze des hl. Geistes um so würdiger machen und Niemand derselben verlustig gehe.

„Bei Gelegenheit dieser Firmreise werden wir zudem auch euch näher kennen lernen, werden es besser inne, welches eure geistlichen Bedürfnisse seien. Darum ist es unser Wunsch und Verlangen, daß alle unsere geistlichen Söhne sich willig und gern um Uns schaaren, und wir versichern sie zum Voraus, daß Wir gegen einen Jeden dieselbe zärtliche Liebe hegen, wie sie ein fühlendes Vaterherz gegen seine Kinder hegt.

„Wir werden uns vorerst, am 4. Mai, nach Luzern begeben. Es geziemt sich, daß die Erstlingsfrüchte unserer apostolischen Mission unter euch der Hauptstadt, zukommen. Von Luzern aus werden wir, mit wenigen Tagen Unterbruchs wegen der einfallenden Pfingstwoche, der Reihe nach in alle eure Pfarreien uns begeben. Die Tage unserer Ankunft in jeder Pfarrei lassen sich zwar jetzt noch nicht genau bestimmen, werden aber rechtzeitig euch angekündet werden. Gleichzeitig werden die Herren Pfarrer euch mittheilen, wo und wann für jede Pfarrei die Firmung festgesetzt sei und welche Ordnung hiebei die Firmjugend zu beobachten haben wird, auf daß überall Anstand herrsche und der Tag der hl. Firmung für Alle und in jeder Hinsicht ein Tag der Gnade und des Heiles für eure Pfarreien, eure Familien, euere Kinder insbesonders werde. Ja, möge unser Pastoralbesuch im Kanton Luzern für denselben eine Quelle des Segens und Glückes werden! Nicht als ob wir in Kraft unserer unwürdigen Persönlichkeit ein so glückliches Resultat hervorzubringen vermöchten und hofften, nein! es ist nur der geheiligte Character und das apostolische Ansehen, mit dem

Uns der Herr bekleidet hat und es ist eure würdige Gesinnung, und der Eifer eurer hochw. Seelenhirten, die uns dieses hoffen lassen. Möge also der hl. Geist, der Paraclet, auf euch Alle hinabsteigen, in Christo Geliebteste! Möge er euch mit seinen himmlischen Tröstungen erfüllen, Möge er eure Seelen von aller Sündenmackel reinigen und eure Herzen gegen die Anfechtungen des Satans stärken! Möge er euch verleihen die Gaben der Weisheit und der Einsicht, des Rathes und der Stärke, der Frömmigkeit und der Wissenschaft, sowie die Gabe der hl. Furcht Gottes! Mögen die himmlischen Gaben herniedersteigen auf euch und eure Kinder und bei euch bleiben auf immer"!

In den folgenden Jahren setzte Bischof Eugenius diese Pastoral- und Firmreise ununterbrochen fort, so daß er bereits nicht nur alle Kantone, sondern einige Kantone wiederholt bereiset und in jedem Kanton jede Pfarrei visitirt hat. „Dieser bischöfliche Besuch jeder Pfarrei, sagt die Schweizerische Kirchenzeitung, ist eine glückliche Neuerung und entspricht den Bedürfnissen besser, als wenn (wie bisher) eine Masse Firmlinge aus mehreren Pfarreien in eine Station zusammengezogen werden. Der gute Hirte sucht seine Heerde auf, und wer sucht der findet, sagt das Evangelium[1]).

Mit den Geistlichen unterhielt der hochw. Bischof ferner einen geistigen wissenschaftlichen Verkehr, indem er alle Jahre einige Theses vorschrieb, welche dieselben in ihren Conferenzen zu lösen und ihm die daherigen Beantwortungen schriftlich einzusenden hatten. Diese Thesen wählte der Oberhirte immer sorgfältig mit Berücksichtigung auf die jeweiligen Zeitbedürfnisse aus; wir führen hier beispielsweise nur diejenigen an, welche er im ersten Amtsjahre 1864 vorschrieb:

1) Gibt es in der Welt eine übernatürliche Ordnung der Dinge? Und wie läßt sich deren Dasein gegen die Anhänger des Rationalismus und Naturalismus beweisen?

2) Was ist das Wunder? Ist dasselbe möglich? Man widerlege die Einwendungen.

3) Es soll die Gottheit Jesu Christi gegen solche Schriftsteller unserer Zeit, die ihn blos zu einem ausgezeichneten Weisen oder Philosophen stempeln, vertheidigt und bewiesen werden".

---

[1]) Schweiz. Kirchenzeitung. 1864. Nr. 16.

An das Volk richtete er jährlich einen einläßlichen Fasten=
brief, welcher in allen Pfarrkirchen vorgelesen werden mußte.
Es war dies jährlich in Wirklichkeit eine Predigt, welche der
Bischof durch die Pfarrer auf allen Kanzeln vortragen ließ und
in welcher er mit pastoralem Eifer die jeweiligen Bedürfnisse
der allgemeinen Kirche oder seiner Diözese besprach, die Lehren
des Glaubens oder der Moral erörterte und das religiöse Be=
wußtsein und Leben des Volkes stärkte. Eugenius verwendete
auf diese Fastenbriefe eine besondere Sorgfalt, sie bilden je=
desmal eine Druckschrift von ungefähr einem Bogen und sind
in Form und Inhalt ausgezeichnet. Wir bedauern, aus Raum=
mangel auf diese 10 bischöflichen Briefe nicht näher eintreten
zu können und beschränken uns hier nur hervorzuheben, wie der=
selbe in seinem ersten Hirtenbrief die Gläubigen zur Buße auf=
forderte.

„Während ihr euere Körper züchtiget durch die Sinnesabtödtung,
wendet euch zugleich zu Gott mit inbrünstigem Gebet flehend, daß er
euere Herzen schmelze und jede Neigung zur Sünde daraus verbanne,
denn es ist eben die wahre innere Zerknirschung, die aufrichtige Be=
kehrung die Hauptbedingung, um von Gott den Nachlaß der Sünden
zu erlangen. Vergeblich wären alle jene äußerlichen guten Werke, wenn
sie nicht aus einer Gesinnung, einem Herzen stammten, das vom Ver=
langen erfüllt wäre, treu dem Herrn zu werden und immer zu bleiben.
Und auf daß der Himmel noch gnädiger euere Buße und eure Gebete
hinnehme, so verbindet damit die Werke der Barmherzigkeit. Ihr be=
sonders, ihr Reichen dieser Erde, gebt den Armen nicht nur von euerm
Ueberfluß, sondern gebet vielmehr überfließend reichlich, — bestrebt, für
eure Sünden das Almosen zum Lösegeld zu machen. Wehe euch, wenn
ihr im Gegentheil dahin trachtetet, mit dem Schweiße und der An=
strengung des Armen, des Handwerkers, des Arbeiters euch nur zu be=
reichern, und euch selber zu mästen, sogar seinem Gewissen hiebei Ge=
walt anthuend, an seinen höhern Pflichten ihn hindernd und die ge=
heiligten Tage der Ruhe ihm raubend. Der Herr würde einst strenges
Gericht mit euch halten über das Böse, das ihr gestiftet, und zu sei=
ner Zeit würde er, nach der Andeutung des Evangeliums, das Loos
des gottlosen Prassers in der ewigen Flammenpein euch zu Theil wer=
den lassen. Und ihr, ihr Armen, opfert euere Leiden und Entbehrungen
dem Herrn Jesu Christo auf; betet für euere Gutthäter und bewahret
euere Seele rein vor dem Bösen. Selig dann einst ihr, ja selig hie=

nieden schon auf dem Wege der Heiligung. Und indem wir euch einladen und auffordern, euer Gebet am Fuße der Altäre zu verrichten, unterlasset nicht euch wohl zu erforschen, ob ihr auch jede Gesinnung des Hasses, des Neides, der Rachsucht gegen euern Nächsten abgelegt habt. Gott, der versöhnte Herzen haben will, würde eure Gabe nicht annehmen und euer Gebet nicht anhören, wenn nicht in euerm Herzen wie auf euern Lippen die Verzeihung für alle Beleidiger bereit und ausgesprochen wäre. — Ihr aber, o Sünder, die ihr, seit langem vielleicht, in Gottlosigkeit dahin lebet, die Tage des Herrn, wie die geheiligten Feste der Kirche entweihet, die ihr Ungerechtigkeit jeder Art begehet und Betrug ausübet, die ihr die Heiligkeit des Eides mißbrauchet, euern Mitmenschen das kostbare Gut der Ehre durch üble Nachrede und Verläumdung raubet, dem schmählichen und fluchbeladenen Laster der Trunksucht fröhnet oder euch im Schlamme der Unreinigkeit wälzet, — ach! arme Sünder, thut doch Buße, da euch noch die Zeit dafür gegeben ist! Heute, ruft der Herr euch zu, heute verhärtet euere Herzen nicht. Verschiebet nicht euere Bekehrung auf eine spätere Zeit, denn indem ihr von Tag zu Tag sie hinauszögert, wird der Grimm des Herrn euch in euren Sünden überraschen. O, bereitet euch doch vor, während dieser Fastenzeit, euch mit Gott zu versöhnen und in den Stand der Gnade zurückzukehren, auf daß ihr Alle auf eine würdige Weise euerer heiligen österlichen Pflicht Genüge leisten und so selbst zu einem neuen Leben auferstehen möget. Wie leicht wird euch eure Bekehrung sein! Es bedarf ja nur, daß ihr wollet, und der Herr erwartet euch schon mit dem Ausspruche der Verzeihung. Und welch süßer Frieden, welch unnennbares Glück werdet ihr nicht hiemit erlangen!

„O höret, geliebteste Diözesanen, höret Alle die Stimme eueres Bischofs, der euch liebt. Während seiner vieljährigen seelsorgerlichen Laufbahn hat er das Elend und die Trübsal, welche die Sünde mit sich im Gefolge führt, genau kennen gelernt und hierauf seine angelegentliche Sorge verwendet. Darum, auch unabhängig von der Pflicht, die sein Amt ihm auferlegt, euch von der Sünde abzumahnen, fühlt er sich so mächtig gedrungen und es liegt ihm so sehr am Herzen, euch, seine geistlichen Kinder, vor jenem Elend, vor solcher Trübsal zu bewahren. Wir beschwören euch also, Unsern Räthen Gehör zu geben, Unsere Mahnungen zu befolgen. Oder vielmehr, es ist Gott selbst, der durch Unsern Mund seinen Ruf an euch ergehen läßt; es ist die Kirche Jesu Christi, die durch seinen unwürdigen Diener zu euern Herzen spricht. Wir bringen nur die Vorschriften des Evangeliums euch in

Erinnerung und legen sie eurer ernsten Beherzigung nahe, auf daß ihr den Entschluß fasset, sie zur Richtschnur eures Wandels zu machen".

Ein bleibendes Verdienst erwarb sich Bischof Eugenius durch die Einführung eines Diöcesancatechismus. Schon sein Vorgänger Karl Arnold hatte das Bedürfniß eines neuen Handbuchs der Religionslehre für sein Bisthum gefühlt und ein solches auch vorgeschrieben. Allein dasselbe stieß auf mannigfache Schwierigkeiten. Beinahe jeder Kanton hatte bisher seinen eigenen Catechismus, von dem viele sich nicht gerne trennten. Lehrer und Lernende fanden sich im neuen Handbuch nicht sofort zurecht. Selbst die Regierungen wollten ihr Wort dazu sprechen und es entstanden Verwicklungen. Unter solchen Umständen fand sich Bischof Lachat veranlaßt, einen neuen Diöcesan-Catechismus zu entwerfen, denselben vorerst sämmtlichen Decanen zur Eingabe ihrer Bemerkungen mitzutheilen und dann denselben mutatis mutandis festzusetzen und in allen Kantonen obligatorisch zu erklären. Nach längern Vorarbeiten und Prüfungen, an welchen sich die erfahrensten Seelsorger des Bisthums betheiligten, kam das Werk zu Stande und Eugenius führte den Diöcesan-Catechismus den 12. September 1867 durch folgendes Pastoralschreiben ein.

„Wenn der christliche Unterricht der Erwachsenen schon von der kirchlichen Lehrthätigkeit auszugehen hat und nur von ihr rechtmäßig geleitet und geordnet wird, so gilt dies mit um so vollerm Rechte von der Kinderlehre, vom religiösen Jugendunterrichte, vom Catechismus als der Grundlage dieses Unterrichtes. Auch hier wurzelt das Lehr-Ansehen in der kirchlichen Vorsteherschaft, in dem Apostelamte, das im Episcopate beständig fortbesteht, und alle Verantwortung für diesen so wichtigen Zweig der geistlichen Lehrthätigkeit liegt ebenfalls den Bischöfen, als den göttlich berufenen Lehrern der Gläubigen, ob. In all' dieser Hinsicht heißt es in der heiligen Schrift: „Es hat der heilige „Geist die Bischöfe gesetzt, die Kirche Gottes zu regieren." Denn diese Regierung oder Lenkung der Kirche, als einer geistlichen, einer auf dem Glauben und der Glaubenserkenntniß der Menschen beruhenden Heilsanstalt, hat ihren Ausgang ja in der Lehrthätigkeit, setzt sie als Basis voraus und stützt sich beständig auf sie als Grundbedingung ihres Bestehens und ihres Wirkens. Deshalb erwähnt auch Christus ihrer zuerst, als er scheidend von dieser Erde all' seine Vollmachten auf seine Apostel übertrug: „Gehet hin und lehret alle Völker!" „Verkündiget das Evangelium aller Creatur!" —

„Ohne irgend ein Hemmniß, einen Einspruch von Außen anerkennen zu dürfen, ist es deshalb auch Sache des Bischofs in jeder Diöcese, zu bestimmen, was zum nothwendigen katholischen Unterrichte der Jugend gehört, wie dieser religiöse Inhalt, im Anschluß an die dogmatische Kirchensprache, ausgedrückt sein soll und welche Methode am meisten geeignet, das Verständniß der einzelnen Religionswahrheiten und ihres Zusammenhanges unter sich, dem kindlichen, erst sich entwickelnden Verstande faßlicher zu machen und zugleich auch das jugendliche Gemüth daran zu bilden. Dabei ist immerhin nicht ausgeschlossen, daß die Bischöfe auch ihre Mitarbeiter im Weinberge des Herrn zu Rathe ziehen und da überall, wo die Wissenschaft und Erfahrung in reichlichem Maße anzutreffen, sich nützliche Aufschlüsse, besonders in Bezug auf Form und Gang des Lehrbuches, sprachliche Darstellung und naturgemäße Anpassung an die psychischen Entwicklungsgesetze des Kindesalters zu verschaffen suchen. Dadurch wird nämlich die Verwaltung des Lehramtes um so fruchtbarer, segensvoller, die Erreichung des erhabenen Zweckes um so leichter und sicherer, der ausgestreute Same geht um so hoffnungsvoller einer erfreulichen Ernte entgegen.

„Jedoch ist ein Catechismus nicht deswegen der rechtmäßige und verpflichtende, weil, oder insofern er diese letztern wünschbaren Bedingnisse an sich als erfüllt aufweist, sondern weil er von der rechtmäßigen, kirchlichen Autorität, vom **Bischof**, gutgeheißen, eingeführt und anbefohlen ist. Hierin ist gleichsam auch für das Unterrichtsmittel, für das Religionsbuch, eine Art höherer Sendung mitgegeben und ihm eine berechtigte Autorität aufgeprägt; der Segen von Oben, Gnade und Wahrheit in Christo wird so vom kirchlichen Organe aus sich über die jugendlichen Herzen verbreiten. Denn es gilt auch da: „Ohne mich könnet ihr nichts thun."

„Wir haben jedoch, Hochwürdige Mitbrüder! nichts unterlassen, den Catechismus, den Wir euch darbieten und den Wir hiemit als obligatorisches Lehrmittel für den Religionsunterricht der katholischen Jugend im Bisthum Basel erklären, nämlich so weit die deutsche Sprache daselbst im Gebrauche ist, auch jene Eigenschaften und Vortheile zu verschaffen, welche zu seiner Vervollkommnung gehören mögen. Wir haben ihn erst in definitiver Weise ausarbeiten lassen, nachdem wir aus eurer Mitte eine große Zahl hervorragender Würdenträger und anerkannt trefflicher Catecheten um ihre Ansichten und Urtheile befragt, und indem Wir zudem den vorzüglichsten vorhandenen Catechismen eine stete Berücksichtigung angedeihen ließen. Wir glauben deshalb auch, uns der zuversichtlichen Hoffnung hingeben zu können, daß ihr alle diesen neuen Catechismus, auf welchen so viel Mühe verwendet worden ist, nicht nur mit Ehrerbietung, Gehorsam und Vertrauen aus Unserer Hand annehmen, sondern auch mit Eifer, Freude und verdienter Werthschätzung ihn verwenden und durch eure Mühen fruchtbar machen werdet zum Heile der Jugend, die ihr an der Hand dieses Leitfadens im Glauben unterrichten und christlich religiös erziehen werdet.

„Hiemit berühre ich die Hauptsache. Es ist der Catechismus immerhin nur eine Grundlage, ein Hülfsmittel; euer mündlicher Unterricht muß das Gebäude aufführen, eure warme, überzeugungsvolle Erklärung muß Geist und Leben in den Buchstaben bringen. Kein gedrucktes Lehrbuch kann den Vortrag des lebendigen Wortes ersetzen, selbst nicht bei Erwachsenen, bei Gebildeten. Um so mehr gilt dies in Hinsicht auf die Jugend, auf die Kinder. Das gesprochene Wort ergreift sie, überzeugt sie, rühret ihr Herz und bewegt ihren Willen; das kirchliche Lehrmittel jedoch ist die Unterlage des Verständnisses, die Stütze des Gedächtnisses, und ein Compaß, an den der Glaube ruhig und sicher sich hält bis in den Lebensabend. Gerade um dieser Bedeutung willen ist aber auch das gedruckte Lehrbuch, der Catechismus, von hohem Belange, entschiedener Wichtigkeit und dauerndem Einflusse und erfordert sohin mit Recht die gewissenhafteste Verwendung."

Wie früher als Pfarrer, so war Msgr. Lachat jetzt als Bischof auf eine würdige Feier des Gottesdienstes besorgt. Nicht nur functionirte er selbst persönlich in ausgezeichneter Weise und wirkte so hiefür durch Wort und That, sondern er führte auch, auf den Vorschlag des Domcapitels, eine neue Gottesdienstordnung in der Cathedralkirche. Jeden Sonntag sollen von Morgen 5 Uhr an bis 9 Uhr fortwährend heilige Messen gelesen und den Gläubigen Gelegenheit zum Empfang der hl. Sakramente der Buße und des Altars gegeben werden. Um 9 Uhr ist Predigt, dann folgt das Hochamt und Nachmittags 3 Uhr die Vesper. In der Fastenzeit sind überdies an 2 Wochentagen Predigten zu halten. — An den höchsten Festtagen celebrirt der hochw. Bischof das Pontificalamt unter Assistenz des Domclerus. — Die Capelle im bischöflichen Palaste ließ Eugenius mit großem Kunstsinn und Kostenaufwand ganz neu in gothischem Style erstellen. — Auch erschien unter seinem Episcopat ein Proprium Festorum Diocesis Basileensis als Suplement zum Römischen Missale.¹) — Besondere Sorgfalt widmete er dem Militär=Gottesdienst. Wiederholt that er vereint mit den übrigen Bischöfen Schritte bei den Bundesbehörden für eine bessere Ordnung der Seelsorge in der schweizerischen Armee; auch sandte er zu diesem Zwecke nicht nur wiederholt Geistliche in das Militärlager nach Thun, sondern ging im Jahr 1865 selbst dahin und hielt in eigener Person den Feldgottesdienst.

Oeffentliche Blätter berichteten darüber folgendes: „Ein Bischof in dem protestantischen Bernerbiet gehört zu den wundersamen Erscheinungen unserer Zeit. Der Besuch des Bischofs in Thun galt der eidgenössischen Armee, in welcher der katholische Cultus leider nicht immer so gefeiert und beobachtet wird, wie es zu wünschen wäre. Sr. Gn. Bischof, begleitet von Monsgr. Dombecan Girardin, Monsgr. Baud und Kanzler Duret hielt in Pontificalkleidung den Feldgottesdienst; der improvisirte Feldaltar in den Befestigungen des Polygons war militärisch sehr schön verziert mit Kanonen, Fahnen und alten Trophäen. Ein eigenes Zelt diente als Sacristei. Als der hochwst. Bischof am Altar erschien, ertönten drei Kanonen=schüsse und Trommelwirbel und die verschiedenen Corpsmusiken fingen an abwechselnd zu spielen. Nach dem Evangelium hielt der hochwst. Bischof eine französische Predigt, ausgezeichnet nach Inhalt und Form, in jedem Wort verständlich durch alle Reihen. Am Schluß derselben rief er Gottes Segen an für das ganze Schweizervolk: que Dieu bénisse tout le peuple suisse et sa patrie. Sodann beauftragte er seinen verdienstvollen Kanzler Düret, an die deutschen Truppen einige Worte zu richten. Auch diese kurze Predigt war ein sehr guter Vortrag. Zwei Fouriere ministrirten bei der Messe und machten ihre Sache recht gut, und der commandirende Offizier wußte jedenfalls auch, bei welchen Theilen der Messe geschossen und gewirbelt wird. Das Offizierscorps lud Sr. Gn. Bischof zur Tafel, bei welcher auch Bundesrath Fernerod und Commandant Denzler erschien. Die freundliche Aufnahme, welche Sr. Gn. Bischof im Berneroberland sowohl von Seite

---

¹) Bei Gebr. Räber in Luzern, 61 Folioseiten.

der Militärbehörden als der Bevölkerung zu Theil wurde, ist eine erfreuliche, tröstliche Erscheinung in unserer Zeit".

Auch seine schon als Pfarrer erprobte **Charitas** setzte er nun als **Bischof** in erweitertem Maßstabe fort; die höhere Würde trug seinem menschenfreundlichen Herzen eine größere aber willkommene Bürde auf. Wir übergehen die Unterstützungen, welche seine freigebige Hand den Dürftigen jeder Art und jederzeit reichlich spendete und berühren hier nur sein Auftreten in einigen öffentlichen Unglücksfällen.

Als im Herbst 1868 die entfesselten Elemente der Natur einen großen Theil der Schweiz durch Ueberschwemmungen verheerten, da richtete Eugenius in einem Hirtenbrief einen Hilferuf an Clerus und Volk, in welchem er unter Anderem sagte:

„Wirket, Geliebteste im Herrn, eifrig und opferfreudig Alle zusammen zur Linderung des so weitverbreiteten und so großen Elendes und Kummers! Insbesondere möge die hochwürdige Geistlichkeit sich ihres erhabenen Berufes würdig erweisend, unermüdlich sein in ihrer Bethätigung an diesem ebenso patriotischen als christlichen Werke des Erbarmens, Jeder in der Weise, die er am geeignetsten findet oder wie es ihm durch die Verhältnisse oder durch allfällige höhern Orts schon getroffenen Anordnungen nahe gelegt wird.

„Ueberdieß wollen wir alle auch beten und flehen zum Vater der Erbarmnisse, und so zur leiblichen Spende auch noch das geistliche Almosen gesellen. Beten wollen wir, daß der Herr recht viele Herzen zur Mildthätigkeit eröffnen und allen Gutthätern ihre Liebeswerke reichlich lohne. Beten wollen wir, daß der Höchste die Leidenden und Bedrängten tröste, die Gaben ihnen segne und das Leid zum Besten Aller wende. Auch Wir selbst, als euer Oberhirte, verrichten täglich unser Flehen und Gebet für euch und für die Unglückbetroffenen alle. Möge derjenige, der die Liebe und Erbarmung ist und nur verwundet, um zu heilen, unsere gemeinsame Fürbitte wohlgefällig aufnehmen und Allen Gnade, Segen, Trost und Heil verleihen"!

Als in Folge des **deutsch-französischen Krieges** anno 1870 auch die **Schweizerische Armee** an die Grenze ziehen mußte und für das Volk manche Noth entstand, da appellirte er in einem Hirtenbriefe an die öffentliche Mildherzigkeit:

Weil die Grenzbesetzung, so schrieb er unter Anderm am 18. Juli 1870 an alle Pfarrer, jetzt schon und besonders bei längerer Andauer einem ansehnlichen Theile unserer schweizerischen Bevölkerung schwere Opfer auferlegt, unter deren Last so viele arme und nothdürftige Familien zu Stadt und Land seufzen, da deren Ernährer das Brod ihnen nicht zuschaffen können und vielfaches anderes Ungemach hieran sich knüpft, wünschen und ersuchen wir dringlichst die hochw. Pfarrgeistlichkeit, sie möchte die Gläubigen, besonders die vermöglichern zu mildthätigen Spenden aneifern und dieselben in geeigneter Weise, sei es durch einen Opfergang oder mittelst Sammlung in der Kirche oder Aufstellung einer hiefür bestimmten Opferbüchse, entgegen nehmen. Der Ertrag dieser Sammlung, eventuell auch für Wittwen und Waisen im Felddienste verstorbener Krieger des Vaterlandes verwendbar, soll von allen Pfarrämtern dem bischöflichen Ordinariate zugesandt werden, welches bezüglich der Verwendung vornehmlich die Angehörigen unserer Bisthumskantone im Auge haben und jedenfalls auch mit den Staatsbehörden sich in's Einvernehmen setzen wird.

„Bedenket, Geliebteste im Herrn, die Kraft des Almosens zur Abwendung eigenen Unglückes, erinnert euch begeistert des großen Gebotes der Liebe, das des Heilandes Mund uns auferlegt, beherziget die Stimme des vaterländischen Sinnes und der mitbürgerlichen Aufopferung, die in solcher Noth in jedem gefühlvollen Herzen sich geltend macht, und seid, obwohl Alle mehr oder minder durch die gleiche Noth heimgesucht, doch gegen die eigentlich Bedürftigen und Hülflosen in ächt christlicher Weise mitleidsvoll und barmherzig! Der Herr wird es Allen vergelten!"

Als das Kriegsunglück im Jahr 1871 ein ganzes französisches Armeecorps in die Schweiz und über 2000 Mann in die Stadt Solothurn warf, da war Eugenius in der vordersten Reihe thätig, um den internirten Soldaten geistige und körperliche Hülfe zu spenden. Er besuchte und pflegte die Kranken, theilte mit den Dürftigen Kleider und Nahrung, hielt denselben Gottesdienst in dem Kasernenhof und ermunterte sie durch Predigt und Zuspruch zur geduldigen Ertragung ihres Schicksals. Er äußerte Gefühle des Bedauerns über das herbe Loos, Gefühle des Trostes, stammend aus dem edelgesinnten Wohlwollen, das in der Schweiz überall und auch in Solothurn ihnen, den Unglücklichen, entgegenschlage, da Jedermann in ihnen Mitbrüder Einer Gottesfamilie erkenne und ihre Vaterlandsliebe ehre. Dann erhob sich der Gedanke zum Lenken aller Schicksale zu Gott, und ergieng dann in der rührenden und erhebenden

Darstellung der Würde, die dem Menschen als Ebenbild Gottes, als Erlöstem in Christo, als Berufenem zur seligen Einigung in Gott innewohne. Alle Reihen der französischen Soldaten horchten gerührt zu; selbst Thränen vergossen Viele.

Als der Eisenbahnzug, welcher die internirten Soldaten von Solothurn nach Frankreich zurücktransportirte, im Kanton Neuenburg verunglückte, da eilte Bischof Eugenius auf die Schmerzensstätte, spendete die Tröstungen der hl. Religion und wetteiferte mit den Spitalschwestern, um den Verwundeten ihr Loos so erträglich als möglich zu machen.

Das Jahr 1868 brachte der Diöcese Basel eine schon lange gewünschte Neuerung, eine geistliche Erneuerung durch Diözesan-Exercitien. Unterm 28. August machte die Bisthums-Canzlei die Anzeige:

„In Folge der wiederholt und dringend kundgegebenen Wünsche des hochwst. Clerus des Bisthums Basel hat Sr. Gnaden, der hochwürdigste Bischof Eugenius für diesen Herbst einen doppelten Curs geistlicher Exercitien in der bischöflichen Residenzstadt Solothurn angeordnet und richtet hiemit an die Bisthumsgeistlichkeit, besonders des Cantons Solothurn und der augrenzenden Kantone, die Einladung und Bitte, die nunmehr dargebotene Gelegenheit eifrig zu benützen. Zwei hochwürdige Patres aus dem Kapuzinerorden, welche auf diesem Gebiete sich längst schon rühmlichst auszeichneten und alles Vertrauen verdienen, werden die Vorträge halten und die heiligen Geistesübungen leiten. Der erste Curs wird den 14. September Abends beginnen und den 18. Morgens schließen; der zweite wird den 21. September Abends eröffnet und den 25. Morgens beendigt werden".

Obschon der hochwst. Bischof der Geistlichkeit den Besuch dieser Exercitien nicht obligatorisch vorschrieb, sondern nur empfahl, so machten die Staatsbehörden doch Miene, sich in diese innere kirchliche Angelegenheit zu mischen und die Regierung von Solothurn erließ sogar folgende Note an die Mitstände:

„Die Regierung von Solothurn erachtet es als ihre Pflicht, den Diöcesanständen Kenntniß davon zu geben, daß der hochwst. Bischof auf nächste Zeit s. g. Priesterexercitien angeordnet, ohne den Diöcesanvorort vorher davon in Kenntniß gesetzt zu haben, und gewärtigt die Rückäußerung der Diöcesanstände, was sie bei dieser Sachlage für angemessen erachten."

Welchen Erfolg diese Note hatte, ist uns unbekannt; bekannt ist nur, daß die Exercitien in der angesetzten Zeit stattfanden und sehr stark und mit gutem Erfolg besucht wurden.

„Die Geistlichen, so bezeugte die Schweizerische Kirchenzeitung[1]), sind von einander geschieden, mit dem frohen Bewußtsein, etwas Gutes gethan, einen Fortschritt erzielt, eine Freude der hl. Kirche bereitet zu haben. — Alle sprachen sich höchst befriedigt über die Vorträge der ehrw. Väter Missionäre, sowie über den ganzen Verlauf der geistlichen Retraite aus; es war für Alle eine wohlthuende Seelenkur, die sie reinigte, ermunterte, stärkte.

„Eine schöne Zahl christlicher Bewohner Solothurns verdient warmen Dank durch edle Beherbergung. Sie haben Solothurns Ehre gerettet, die durch eine kleinliche Maßregel von Oben bald arg compromittirt worden wäre[2]). Es war aber auch unter dem Publikum (dem bessern) nur Eine Stimme der Erbauung über diese ächt geistliche Feier zur Erneuerung des Glaubens und des Pastoraleifers bei der Priesterschaft. — Hoffentlich gereichten diese Tage und Stunden auch unserm geliebtesten Oberhirten, der während dieser Zeit fast beständig unter seinen Söhnen weilte und täglich für sie und in ihrer Mitte das hl. Meßopfer feierte, zum Troste und zu einigem Ersatz für das Brüllen der finstern Mächte, das sich hören ließ und vielleicht noch nicht so bald verstummt. Was wir dagegen thun wollen, ist, daß wir beten werden. Wir sind neugestärkt und voll Zuversicht. Gott ist mit uns; wer vermag etwas wider uns?"

Eugenius erkannte die hohe Bedeutung des Vereinswesens in und für unsere Zeit: er ermunterte und beförderte daher die religiösen Vereine. Wir beschränken uns hier beispielsweise nur zwei Vereine anzuführen. Zum Bischof ernannt nahm er sofort die von der Stadt Pruntrut ihm anerbotene Ehren-Präsidentschaft des Piusvereins an und richtete an denselben die inhaltsreichen Worte:

---

[1]) Schweiz. Kirchztg. 1868. Nr. 39. S. 352.

[2]) Es war beabsichtigt, die Räumlichkeiten des — in Folge der Ferien leer stehenden — Priesterseminars hiefür zu benützen, allein im letzten Augenblick traf ein Verbot der Regierung ein, welche sich als Eigenthümerin des Gebäudes dieser Benützung widersetzte.

„Ich wünsche Ihnen Glück, daß Sie, obwohl Laien, im richti=
„gen Verständniß der Bedürfnisse unserer Zeit Ihre Gedanken zu Sphären,
„die großer Herzen wahrhaft würdig sind, erheben und sich eifrig mit
„dem Heile der Seelen beschäftigen. Glauben Sie es, der Priester
„nimmt mit Freuden seine Brüder auf, die von der Welt herkommen
„und die ihre Gefühle mit den seinigen zu dem Zwecke vereinigen, um
„desto wirksamer und im Interesse Aller gegen die Uebel, an denen
„die arme Menschheit leidet, zu kämpfen. Ich freue mich, wenn ich
„den Priester und den Laien in heiliger Absicht für das Wohl der
„Kirche und des Vaterlandes, folglich für das Wohl des christlichen
„Volkes vereinigt sehe."

Auch beehrte Derselbe die Generalversammlung des Schwei=
zerischen Piusvereins in Sachseln (anno 1865) mit seiner Gegen=
wart, feierte das Pontificalamt und hielt am Grabe des seligen
Bruder Klaus von der Flueh eine Anrede, welche mächtig dazu
beitrug, daß der Verein sich entschloß, den Proceß zur Heiligsprech=
ung dieses denkwürdigen schweizerischen Landespatrons in Rom
zu führen. Bereits hat dieser Canonisationsproceß große Fort=
schritte gemacht und dem hochwst. Bischof von Basel gebührt
ein großer Theil des daherigen Verdienstes.

Im gleichen Jahre bethätigte sich Eugenius in Verbind=
ung mit den schweizerischen Bischöfen auch an dem Beatifications=
feste des seligen P. Canisius in Freiburg, hielt die Festpredigt
in der Stiftskirche, das Pontificalamt in der Jesuitenkirche und
den Abschiedsgruß unter freiem Himmel an die zahlreich ver=
tretenen katholischen Vereine und das Volk.

Einer besondern Theilnahme würdigte er ferner den Verein
für die Inländische Mission, welcher sich zur Aufgabe setzt,
für die Seelsorge der in den protestantischen Kantonen zerstreut
lebenden Katholiken zu sorgen. Seit der kurzen Zeit seines
Bestehens hat dieser Verein bereits circa 30 Stationen theils
gegründet theils unterstützt, und stellt hiefür jährlich dem Epis=
copat 25 bis 30,000 Fr. zur Verfügung. Im Bisthum Basel
steigt die Zahl der Stationen auf 13 und Bischof Eugenius
hatte den Trost, unter seinem Episcopat neue katholische Kirchen
in Biel, Liestal, Birsfelden, St. Imier, Moutier=Grandval,
und Stationen in Brienz, Thun, Wysen, Lenzburg, Corgemont,
Malleray zu begrüßen. Auch beehrte er das Centralcomité des

Inländischen Missionsvereins unterm 10. Juni 1867 mit folgender Zuschrift:

„Die segensreichen Früchte überhaupt, welche das Werk der „inländischen Mission" in unserm theuren schweizerischen Vaterlande zum Frommen der heiligen katholischen Religion und zum Heile der Seelen während den wenigen Jahren seines Bestehens schon gewirkt, und dann auch die Unterstützungen, welche vermöge dieses Werkes aus den Opfern der gläubigen zahlreichen Katholiken verschiedenen Ortschaften unsers Bisthums, ja selbst ganzen Pfarreien in erheblicher Weise und zu deren großen Ermuthigung und Erleichterung zu gut kamen, veranlassen uns, hiemit ein Wort offener Anerkennung und warmer Empfehlung dieses Vereins und Werkes auszusprechen und unsere Diöcesanen einzuladen, auch ihre Schärflein einem so religiösen und wahrhaft wohlthätigen Unternehmen, Jeder nach Kräften, zuzuwenden. Der aber, zu dem wir täglich beten: „Geheiliget werde dein Name, zukomme uns dein Reich!" möge solch' ihm wohlgefälliges Wirken und dessen eifrige Beförderer segnen!"

Eine der schönsten Wochen seines Episcopats erlebte Eugenius im Jahre 1869 durch die Versammlung der Bischöflichen Conferenz in Solothurn. Es hat eine Zeit gegeben und sie ist noch nicht lange verflossen, wo die Bischöfe der Schweiz sich kaum persönlich kannten, wenig mit einander schriftlich verkehrten und niemals in eine gemeinsame Conferenz zusammentraten. Der Mangel eines Metropolitanverbandes, der Abgang einer Provinzialsynode, politische Rücksichten mochten dies verursachen und begründen; aber in neuester Zeit, wo alle Elemente der menschlichen Gesellschaft sich einigen und centralisiren, konnte diese isolirte Stellung ohne großen Nachtheil der Kirche nicht fortbestehen. Die Schweizerischen Oberhirten fühlten dies selbst am tiefsten; schon am Consecrationsfeste des Bischofs Lachat in Solothurn anno 1863 faßten sie den folgereichen Entschluß, jährlich eine bischöfliche Conferenz zu halten und so wurde an diesem Feste nicht nur ein Bischof für das Bisthum Basel, sondern ein Episcopat für die gesammte Schweiz kreirt. Die Bischöfliche Conferenz wurde wirklich in den folgenden Jahren regelmäßig gehalten und im Jahre 1869 hatte Eugenius die Ehre, dieselbe in seiner Residenz zu versammeln. „In unsere bischöfliche Residenzstadt, so schrieb die Kirchenzeitung unterm

1. Mai¹) hatte diese Woche Tage wohlthuenden Trostes, erhebender Feier und nachhaltigen Segens gebracht. Zur Begehung der alljährlichen bischöflichen Conferenz trafen verflossenen Montag sämmtliche hochwürdigste Bischöfe der Schweiz ein, mit Ausnahme allein des greisen Bischofs von Chur, Nikolaus Florentin, der sich jedoch durch seinen jüngst erhaltenen Weihbischof stellvertreten ließ. Unsere Mauern bargen also die hochwürdigsten Oberhirten Se. Gnaden Petrus Joseph de Preux, Bischof von Sitten, Senior des schweizerischen Episcopats, Zögling des Collegium germanicum in Rom, ausgezeichnet durch hohe theologische Bildung, gewandter Latinist, ein kräftiger Greis von 76 Jahren; Se. Gnaden Stephan Marilley, Bischof von Lausanne und Genf, den ehrwürdigen Bekenner, der um seiner kirchlichen Treue willen an die zehn Jahre im Exil zubrachte und nun bereits wieder an die zwölf Jahre mild, stark und segensvoll sein Bisthum verwaltet; Se. Gnaden Bischof Carl Johann Greith, den Mann von gleich hoher philosophischer, theologischer, geschichtlicher und musikalischer Ausbildung, den trefflichen Schriftsteller und Prediger, den muthigen Vertheidiger der Ehre und der Freiheit der Kirche; Se. Gnaden Caspar Mermillod, den jugendlichen, genialen, unermüdlich thätigen Bischof von Hebron, ausgezeichneten Canzelredner, ersten Bischof wieder seit der Reformation in der ehemals so intoleranten Calvinsstadt und als solcher Nachfolger des hl. Franz von Sales; Se. Gnaden Caspar Willi, Bischof von Antipatris, Weihbischof und Generalvicar des hochwst. Bischofs von Chur, des Benediktinerordens, — dessen edle Charaktereigenschaften und hohe Begabung noch von Einsiedeln her in aller Gedächtniß sind. Diese Oberhirten der schweizerischen Katholiken, alle waren begleitet von ihren Kanzlern oder andern höchst würdigen Männern ihres Vertrauens.

„Ihre Ankunft fand freilich in Solothurn ohne alle äußerliche Festlichkeit statt; desto herzlicher war der Willkomm im bischöflichen Palaste, in der Umarmung ihres innig geliebten, aber auch schwer geprüften Mitbruders, unsers hochwst. gn. Bischofs, für dessen Herz es eine wahre Labsal war, seine bischöflichen Collegen um sich zu vereinigen. Den 27. und 28. fanden

---

¹) Schweiz. Kirchenztg. 1869. Nr. 18. S. 175.

bischöfliche Conferenzsitzungen statt, deren Tractanden ohne Zweifel im Angesichte der Zeitlage von größter Tragweite waren. Wir dürfen vertrauen, die Weisheit unserer würdigen Oberhirten und deren treue Liebe zu ihren Heerden werden in ihren Beschlüssen den geeignetsten thatsächlichen Ausdruck gefunden haben."

Anlaß zu einem besondern Akt der Pietät erhielt der Bischof von Basel anno 1868. Solothurn gehörte vor der französischen Revolution zum Erzbisthum Besançon und gewährte dem verfolgten Erzbischof das letzte Asyl. Als in Frankreich Hunderte und Tausende von glaubenstreuen Priestern, Ordenspersonen und andern Christgläubigen im Namen der Freiheit, Gleichheit und Brüderlichkeit hingerichtet oder des Landes verwiesen wurden, wenn sie Gott und ihrem Gewissen nicht untreu werden wollten, war es auch der glaubenstreue Bekenner, Erzbischof Raymund von Dufort-Leopard, der einer Abordnung von Staatsbeamten muthig entgegen trat und unerschrocken erwiederte, daß er nie die Rechte der Kirche vergeben und lieber unter der Guillotine sterben, als auf die Civil-Constitution den verlangten Eid schwören wolle. Mit dieser Protestation betheuerte er zugleich, daß, wenn er seiner Heerde entrissen und fern von ihr in der Verbannung und dem drückendsten Elende sterben müßte, er nichts desto weniger im Geiste mit den Seinen vereinigt bleiben und seine Leiden für sie Gott zum Opfer bringen werde.

Wirklich traf er am 21. Juni 1791 in Solothurn ein, wo er bei Verwandten auf dem Landgute Blumenstein liebevolle und gastfreundliche Aufnahme erhielt. Obwohl seiner bischöflichen Einkünfte beraubt, fand er dennoch Mittel, sich der Armen und Verlassenen anzunehmen, er schränkte seine eigenen Bedürfnisse ein, um desto mehr mit noch Bedürftigern theilen zu können. Mit besonderer Liebe war er dem Kloster der Visitation gewogen, wo er öfters das göttliche Wort verkündete. Seine letzte Predigt hielt er über den „Tod der Gerechten", den er nicht blos rührend schilderte, sondern bald darauf durch seinen eigenen schönen Hinscheid starb.

Als der gegenwärtige Erzbischof und Cardinal, Cäsarius Mathieu die erzbischöfliche Grabstätte in Besançon restauriren ließ, durften die ehrwürdigen in der Collegiumskirche zu Solothurn ruhenden Ueberreste seines glorwürdigen Vorgängers nicht fehlen. Auf sein Ansuchen enthob Bischof Eugenius den

9. Mai 1868 Abends in Gegenwart von zwei erzbischöflichen Abgeordneten von Besançon und von Abgeordneten des Domcapitels und der Stadt Solothurn den Sarg aus der Gruft und nahm den nothwendigen Verbalprozeß auf. Sonntag Nachmittags wurde Erzbischof Raymund im Chore der Collegiumskirche ausgesetzt und Montag 7 1/2 Uhr daselbst ein Choral-Seelamt für den Hingeschiedenen celebrirt. Nach einer amtlichen Certification und Uebergabe des Sarges von Seite der Stadtbehörde an den hochwst. Bischof von Basel und von Hochdemselben an die Abgeordneten des Cardinals Erzbischof von Besançon kehrte der Trauerzug unter Absingung des Miserere nach der St. Ursenkirche zurück, wo die Bahre auf einen Katafalk gestellt und das feierliche Pontifical-Seelamt von Sr. Gnaden dem Bischof von Basel celebrirt wurde. — Nach dessen Vollendung bestieg der erzbischöfliche Abgeordnete, Hochw. Hr. Generalvicar Perrin die Canzel und sprach im Namen seiner Eminenz des hochwst. Cardinals und Erzbischofs Mathieu von Besançon rührende Abschieds- und Dankesworte an die zahlreich versammelten Andächtigen.

Auf diese Worte folgte das Libera mit der Absolution, hierauf die Enthebung des Sarges von dem Leichengerüst und die Begleitung desselben bis zum Bahnhof, wo der lange Zug still stand, noch einmal die übliche Absolution gesprochen und die Leiche dann den Abgeordneten von Besançon übergeben, in einen Eisenbahn-Waggon gestellt, dieser verschlossen und versiegelt wurde. Nachts 11 Uhr traf der Zug, welchen der hochwst. Bischof von Basel begleitete, in Besançon ein; am 13. fand dort unter außerordentlichem Gepränge die Beisetzung in der erzbischöflichen Gruft statt.

So haben Bischof Eugenius und die Stadt Solothurn ihrem letzten Erzbischof die letzte Ehre erwiesen. Seit bald einem Jahrhundert ist nun jeder Metropolitanverband aufgelöst. „Wann wird Solothurn, so frug die Kirchenzeitung bei diesem Anlasse anno 1868, einem neuen Erzbischof die erste Ehre erweisen?"

Bischof Eugenius bewährte unter allen Umständen eine felsenfeste Treue für den hl. Stuhl und die tiefste Verehrung für Pius IX. Dreimal machte er die Romfahrt; anno 1865, anno 1867 und anno 1869. Seine „erste Romfahrt" (anno

1865) hatte zum Zweck verschiedene Angelegenheiten des Bisthums Basel persönlich dem hl. Stuhl zu unterbreiten; bei seiner Rückkehr äußerte er sich hierüber in einer Anrede an die Domgeistlichkeit u. A. folgendermaßen:

„Ich fühle das höchste Vergnügen, wieder in Mitte meiner Heerde mich zu befinden, in mein Bisthum und meine Residenzstadt zurückgekehrt zu sein. Weder der Zauber des italienischen Himmels noch all das Schöne und Herrliche, das ich auf meiner Reise gesehen, wiegt den Reiz auf, den für mein Herz das Vaterland und der Kreis meiner Bisthums-Angehörigen besitzt.

„Gerade deßhalb aber auch, obwohl ich körperlich euch ferne war, waret ihr Alle dem Geiste nach doch immer mir gegenwärtig; dem Geiste nach habe ich euch nie verlassen. Uebrigens war es auch nur die Rücksicht auf das Wohl der mir anvertrauten Diöcese, ihr specielles Interesse, was mich zur Pilgerfahrt nach Rom bewog. Mein Gewissen machte es mir zur Pflicht, meine schwere Amtswürde als Bischof drängte mich, bei den vielen Schwierigkeiten, denen mein Wirken begegnen mußte, unwiderstehlich dahin, wo ich aus unmittelbarer, reinster Quelle Licht, Rath und Trost zu erhalten hoffen durfte. Es war mir Bedürfniß, wie sich der hl. Paulus ausdrückt, „Petrum zu sehen" — videre Petrum —, oder auch, im Namen Eurer Aller als Kinder der hl. katholischen Kirche zum Vater zu gehen — videre Patrem —, ihm, dem so ruhmvollen, ehrwürdigen Vater der Christenheit, eure und meine Huldigung darzubringen und so auch ihm, in seinen vielfachen Bedrängnissen einigermaßen Trost und Balsam zu bieten. Der Bischof ist ja das Band, welches die Gläubigen mit dem sichtbaren Mittelpunkt und Haupte der Kirche und dieses mit jenen verknüpft und sohin auch die Glieder der Kirche hienieden mit dem geistig unsichtbaren Haupte Jesus Christus einigt. So waren es denn auch in Rom die Angelegenheiten des Bisthums, die ohne Unterlaß mich beschäftigten, und mein unausgesetztes Ziel war dabei nur, Glaube und Religion bei meiner Heerde zu befestigen und ihr Heil zu fördern. Für sie, für der ganzen Diöcese geistliche Wohlfahrt, ja für des gesammten Vaterlandes Heil stieg auch mein Gebet am Grabe der Fürstapostel zum Himmel. Aber auch meine theuren Diöcesanen haben mein Herz während meines Verweilens in der ewigen Stadt erfreut durch so viele und schöne Kundgebungen ihres katholischen Glaubens und religiösen Sinnes.

„Pius der Neunte liebt die Schweiz mit besonderer Sympathie, er ertheilt ihr seinen Segen. Betrübt auch manche Schmerzenskunde über die Lage der hl. Kirche in diesem Lande sein Herz, so weiß er doch die Anhänglichkeit des katholischen Schweizervolkes an die Kirche und den römischen Stuhl zu würdigen. An den Schweizern, die seine Leibwache bilden, hat er den Biedersinn und die Treue eines ächten Schweizers kennen gelernt. Bei all' der Masse von Fremden, die in der ewigen Stadt wogten, durfte ich stolz darauf sein, Schweizer zu heißen und zu sein."

In der zweiten Romfahrt brachte Eugenius dem heil. Vater die Glückwünsche seiner Diöcese zum 18. Säcularfeste dar und bestätigte so persönlich die Gefühle, welche die Katholiken der Schweiz in einem kunstreichen Album, unter dem Titel: „Xenia sanctissimo Patri Pio IX. ab Helvetis die natali S. S. Petri et Pauli oblata anno MDCCCLXVII" in den verschiedenen Sprachen und Dialekten der Schweiz dem hl. Vater ausdrückten, und durch allgemeine Freudenfeste zu Berg und Thal bezeugten.

Die dritte Romfahrt führte zum Vaticanischen Concil. Eugenius kündete dieses dem Clerus und Volk durch einen Hirtenbrief u. A. folgendermaßen an:

„Wir wollen nicht untersuchen, welch' verderblichen unheilvollen Einfluß die verwerflichen Lehrmeinungen bereits in der Welt ausgeübt, und welchen Abgrund sie unter den Füßen Europa's geöffnet. Allein über das, was in der Zukunft bevorsteht, giebt es kaum verschiedene Ansichten. Denn als Folge dieser gänzlichen Verwirrung der Ansichten und Theorien, wie sie allwärts die Erfahrung zeigt, dieses blinden und sinnlosen Hasses, womit alles Religiöse, alles Ehrwürdige bekämpft und verfolgt wird, dieser unersättlichen Gier nach Sinnengenuß, dieser Entfesselung aller Leidenschaften, dieser zahllos vorkommenden Ungerechtigkeiten, dieser allgemein gewordenen Unordnung, dieser schrecklichen Heeresbewaffnung, die als Vorbereitung auf eine Zeit der rohen, blutigen Gewalt gelten muß, kann, wie Jedermann leicht voraussieht, nur eine furchtbare, entscheidungsvolle Krisis hervorgehen.

„In Ansehung eben dieser Lage der Dinge hat Derjenige, welcher als Statthalter Jesu Christi insbesonders diejenigen außerordentlichen Heilmittel in seiner Hand hält, welche auf so ausnahmsweise Uebel passen, und der in Folge seines von Gott erhaltenen Amtes an der Spitze der menschlichen Gesellschaft steht, jenes Mittel erkoren, das auch schon in frühern Zeiten großem Unglück und Verderbniß auf religiösem und bürgerlichem Gebiete gesteuert. Er hat sämmtliche Bischöfe der Christenheit zu einer **allgemeinen Kirchenversammlung** einberufen, auf daß sie da gemeinsam an der Wohlfahrt der Völker arbeiten, dadurch insbesondere, daß sie durch Verkündung der Grundsätze der Wahrheit und des Rechtes die Einsicht Aller erhellen, durch die Uebereinstimmung in der wahren Lehre die Gemüther beruhigen und vorzüglich, — noch einmal sei es gesagt — Allen es an's Herz legen, daß nur in Jesu Christo den Menschen Heil gegeben ist für die Zeit und für die Ewigkeit.

„Und wann wäre je ein solches Werk der Neubelebung und Wiedergeburt zeitgemäßer und nothwendiger gewesen als in diesen Tagen! Und gäbe es etwas wirksameres zur Erreichung solchen Zweckes als gerade ein allgemeines Concil? Alles Bedeutende geschieht ja heutzutage auf dem Wege der Vereinigung, der Zusammenkünfte, der Congresse. Die Kirche hat das Alles schon längst gehabt und begriffen; von ihrem Ursprung an hatte sie von Zeit zu Zeit ihre Versammlungen, ihre Concilien. Und da es eine alltägliche Erscheinung ist, daß Männer verschiedener Länder in Conferenzen zusammentreten, um über Angelegenheiten, die das Irdische angehen, sich zu berathschlagen; wer sollte es mißbilligen können, daß auch die Oberhirten der Kirche zusammentreten, um sich gemeinsam über die großen Interessen, welche das geistige Leben des Menschen und der Menschheit berühren, und deren Besorgung ihnen von Gott anvertraut ist, zu berathen? Von allen Theilen der Welt kommen da die Bischöfe her; jeder trägt dem Concil den Schatz seines Wissens, seiner reichen Erfahrung, seines Tugendstrebens zu; jeder bringt genaue Kenntniß der Bedürfnisse und der Mißstände einzelner Kirchen und Kirchensprengel mit sich, und Alle belebt, ohne irgend ein Vorurtheil oder Sonderinteresse, das einzige Verlangen nach dem Fortschritt und dem Siege der Wahrheit, nach der wahren Wohlfahrt und dem ewigen Heil der gesammten Heerde! Ließe sich wohl, auch nur von menschlichem Standpunkt aus, eine ehrwürdigere Versammlung denken, ließe sich eine finden, die für gedeihlichen Erfolg kräftigere Bürgschaft in sich trüge? O gewiß, glaubt es, geliebteste Diöcesanen, indem euer Bischof, seinem geleisteten Eide und seinem Pflichtbewußtsein folgend, so Gott will, hinzieht, um der allgemeinen Kirchenversammlung beizuwohnen, gedenkt er nicht sowohl, seinen Amtsbrüdern durch seinen Rath und seine Einsicht beizustehen, als vielmehr von ihnen Rath und Einsicht zu schöpfen, und die Mittel allda kennen zu lernen, die sein Wirken gedeihlicher, fruchtbarer zu machen im Stande sind; er hat nur euern und eurer ehrwürdigen Seelsorger wahren Vortheil im Auge, und hofft, es werde die Handhabung und Ausführung jener erleuchteten Principien und jener unfehlbaren Regeln, welche die verehrungswürdige Versammlung anerkennen und dekretiren wird, wesentlich hiefür beitragen. Es bietet ja ein solches Concil nicht nur menschliche Bürgschaften, wie wir vorhin gezeigt, sondern es ist das eigentliche Organ des hl. Geistes selbst, die unfehlbare Verkünderin der Wahrheit, die oberste Autorität in religiös-sittlichen Fragen; seine Lehrentscheidungen sind, sobald die Beistimmung des obersten Kirchenhauptes hinzutritt, unwiderruflich, so zwar, daß sie Aller Gewissen verpflichten, von allen Gläubigen überhaupt, von den Bischöfen und Priestern wie von den Laien, Unterwerfung verlangen."

Im Concil selbst folgte Eugenius der Stimme seines Gewissens, unbekümmert ob er damit nach rechts oder links anstoße. Die Adresse der Bischöfe, welche den Papst um Vorlage des Infallibilitätsdogma ersuchten, unterzeichnete der Bischof von Basel nicht. Als aber die Infallibilität wirklich in Berathung kam, stimmte er ohne Rückhalt nach seiner innersten Ueberzeugung für die Dogmatisirung derselben. Von der liberalen Presse, namentlich vom „Bund" deswegen heftig angegriffen, richtete er von Rom aus einen offenen Brief an den „Bund", in welchem er seinen im Concil eingenommenen Standpunkt offen und klar darstellte und die waltende Zeitungspolemik mit folgendem eines katholischen Bischofs und eines freien Schweizers würdigem Männerworte abfertigte:

„Ich verlange, daß man meine Rechte respectire, gleichwie ich es auch gegenüber denen der Anderen thue. Es giebt unter uns Magistratspersonen, Männer des Lehrerpersonals, Schriftsteller, die wissentlich oder aus Unwissenheit, direct oder in vermittelter Weise, die erhaltenden und rettenden Principien der menschlichen Gesellschaft umstürzen — und ich sollte nicht das Recht besitzen, zu jenen Wahrheiten mich zu bekennen, welche die Grundlage der Freiheit, der Gerechtigkeit, der Ordnung und Bildung sind? Und jene, welche mich so streng richten, so herb verurtheilen, wer sind sie? Ich spüre weder der Meinung noch der Ueberzeugung von Personen nach, aber ich bin befugt zu fragen: Sind nicht meine Kritiker Liberale irgend welcher Schattirung, Protestanten des einen oder andern Bekenntnisses, Freidenker, die diesem oder jenem System huldigen? Und wenn ja, so werden sie doch wohl für sich als erste Regel, als oberstes Gesetz die Unabhängigkeit der Intelligenz und die Autonomie der Vernunft, die freie Forschung und das Urtheil des Einzelnen aufstellen! Mit welchem Rechte aber wollen sie dem Denken und Glauben Anderer sich ebenfalls aufdrängen? Was autorisirt sie, in mein Gewissen hinein zu spähen und mit Entrüstung meine innerste Ueberzeugung zu verdammen? Wohl, ich spreche es nochmals aus, man lasse auch mir einen Platz unter Gottes freier Sonne, meinen Antheil der Freiheit, den Mitgenuß am Rechte Aller, meine Selbstständigkeit als Schweizerbürger: nichts mehr, nichts weniger".

In allen freudigen und schmerzlichen Anlässen gab Bischof Eugenius seinen Gefühlen für Pius IX. stets öffentlichen Ausdruck. Zur Secundizfeier des Papstes am 11. April 1869, zum Papst=Jubiläum den 16. Juni 1871; zur Gefangenschaft im Vatican erließ er Circularschreiben an Klerus und Volk und stets fand der Ruf des Hirten ein treues Echo im Herzen der Herde und dieses gab sich in Gebeten, Adressen und Protesten mit tausend und tausend Unterschriften und in zahlreichen Peterspfennigen kund.

B. Wirken als guter Hirte im Kampfe.

Bis jetzt haben wir einige Züge aus dem aufbauenden, schaffenden, belebenden Wirken des Bischofs Lachat hervorgehoben; wir müssen nun eine schmerzlichere Richtung berühren und auch die streitende, abwehrende, vertheidigende Thätigkeit desselben in einigen Hauptzügen vorführen.

Freund und Gegner geben dem Bischof Eugenius das Zeugniß, daß er einen sanften, ruhigen, liebevollen Charakter besitzt und nichts mehr wünscht, als mit Jedermann und besonders mit den Staatsgewalten im Frieden zu leben. Diesem seinem Herzenszuge folgend, gab er den Regierungen in seiner ersten Zuschrift die feierliche und unumwundene Zusicherung:

„Muß und werde ich auch einerseits die Obliegenheiten, welche ich gegen die hl. Kirche zu erfüllen habe, getreu und fleißig besorgen und deren Rechte pflichtgemäß wahren und schützen, so dürfen Hochste anderseits versichert sein, daß ich auch die Rechte und Gesetze des Staats ehren und achten und nie mir einen Uebergriff in eine Sphäre gestatten werde, welche dem Wesen und Interesse der Kirche fern steht."

Allein diese Hoffnungen auf ein friedliches Zusammenwirken der beiden Gewalten wurden bald getrübt. Die meisten Regierungen der Diöcese Basel schlugen nämlich nur zu bald theils vereinzelt in cantonalen Angelegenheiten, theils gemeinsam in der sogenannten Diöcesanconferenz eine Richtung in confessionellen Angelegenheiten ein, in welcher der Bischof nicht folgen konnte. Schon im Jahre 1865 traten die Abgeordneten der Regierungen in eine Conferenz zusammen, und verabredeten allerlei Ein- und Uebergriffe in das kirchliche Gebiet. Diese sogenannte „Diöcesanconferenz" beschloß u. A. auf **Verminderung der Feiertage, Verminderung der Dispenstaxen, Einführung eines neuen Catechismus, Aufnahmsbedingungen zum Eintritt in das Priesterseminar** zu bringen; auch wurden Maßregeln bezüglich der Sammlung der **Peterspfennige, der Stellung des Bischofs zur päpstlichen Nuntiatur, der Freizügigkeit der Geistlichen** 2c. angeregt[1]).

Im Auftrage der Conferenz stellte die Regierung von Solothurn als Diöcesanvorort vor der Hand fünf Postulate auf und verlangte und erhielt vom Bischof eine einläßliche Antwort auf dieselben. Da dieser Schriftwechsel gleichsam die Vorrede und Einleitung zu den folgenden Conflikten und Streitigkeiten bildet, so müssen wir hier das Wesentliche des Inhalts mittheilen.

Die fünf Postulate der Regierungen gingen dahin:

Erstens machte man Anfragen und Bemerkungen über den Gottesdienst in der Seminarkirche.

Zweitens: Es sei schon längst über das Dispens- und bezügliche Sportelwesen in Ehesachen Klage ergangen; fast allgemein sei man schon früher der Ansicht gewesen, es handle sich hier nur um Geldspeculation der römischen Curie. Man wünscht, der Bischof wolle das Ehedispenswesen von dieser, resp. von der Nuntiatur emancipiren, und dann besonders die Taxen moderiren und gleichförmig machen.

Drittens: Der vom Bischof Arnold sel. herausgegebene Catechismus befriedige formlich nicht, aber auch ebensowenig inhaltlich, weil intolerant. Selbst der sel. Bischof habe formelle Mängel anerkannt und einigermaßen Abhülfe versprochen, sei aber darüber gestorben. Auch hochwürdigster Bischof Eugenius

---

[1]) Schweiz. Kirchenztg. 1865. S. 16 und 24.

habe versprochen, mit der Anordnung eines andern sich zu beschäftigen, allein bei seiner noch kurzen Amtsdauer sei ihm dies noch nicht möglich gewesen. Es wird also vom Bischof verlangt, er solle doch ernstlich sich damit beschäftigen und um einen geeigneten Geistlichen zur Abfassung eines Catechismus sich umsehen. Dabei wird hingewiesen, daß die Lehre von der allein wahren (katholischen) Kirche, ihren Merkmalen und ihrer Unfehlbarkeit in milderer Fassung zu geben und nichts von gewissen Exorcismen zu sagen sei.

Auch sei selbstverständlich der Catechismus vor der Einführung den Regierungen mitzutheilen.

Viertens: Der Stand Aargau habe hinsichtlich des religiösen Jugend=Unterrichts im Bisthum Basel Wünsche und Ansichten geäußert, die man hiemit dem Bischof eröffne: Es solle nämlich der Bischof das Alter für die erste Beicht auf das 10. Jahr und für die erste Communion erst auf die vorletzte Ostern der Schulzeit ansetzen; er soll ein Reglement für den Religions=Unterricht erlassen, das den Schulgesetzen angepaßt und im ganzen Bisthum gleichförmig sei. Dieses Reglement sei durch Controle, Decanatsaufsicht u. s. f. fest zu handhaben.

Auch hier müsse vorerst die Einwilligung der Regierungen zu solchem Reglement eingeholt werden.

Fünftens: Der Bischof habe unlängst in einem Circular zur Sammlung des Peterspfennigs aufgefordert; dabei habe er das Plazet, das jeden amtlichen Erlaß beschlage, und darüber noch in einzelnen Kantonen die Kantonalgesetze, die ohne Regierungserlaubniß keine öffentliche Sammlung gestatten, umgangen.

Die Antwort des Bischofs ging dahin:

ad I. Der Gottesdienst in der Seminarkirche ist seit Spätherbst 1864 in aller Regel geordnet, und konnte nicht früher in definitiver Weise geordnet werden, weil inzwischen die Regierung von Solothurn von sich aus jenen Gottesdienst besorgen ließ und erst im September 1864 jener Vertrag zwischen der Regierung Solothurns und dem Bischof zu Stande kam, vermöge dessen Alles auf den Gottesdienst Bezügliche dem Seminar-Vorstand übergeben und er damit, unter Aufsicht des Bischofs selbsten, betraut ward.

ad II. Zu keiner Zeit waren die Ehehindernisse und betreffenden Dispensen eine Geldspeculation in der katholischen Kirche.

Die Kirche hat in Ehesachen ihre Gesetzgebung; um die Ehe inner den Schranken der Moralität und des öffentlichen Wohles zu ordnen, hat sie Bedingungen ihrer Eingehung aufgestellt und hiemit Ehehindernisse sanctionirt. Ihr kommt es aber auch zu, in besondern Fällen Ausnahmen zu gestatten. Das heißt zu dispensiren. In den eigentlichen oder trennenden Ehehindernissen kommt dies Dispensrecht nur dem Apostolischen Stuhle zu, der es theils selbst, theils durch besondere Delegirte übt. An mehreren Orten sind die Bischöfe delegirt, in der Schweiz die Nuntiatur. Das hängt also vom Willen des heil. Stuhles ab; in keinem Fall kommt dem Bischof eine eigene Dispensbefugniß zu.

Zur Ertheilung der Dispensen sind Gesetze da, Gründe erforderlich; es bedarf der Berathung, der Beschlüsse, der Expedition von Akten. Es sind also Behörden, Kanzleien ꝛc. nöthig; diese bestehen aus Personen. Billig, daß, wer sie in Anspruch nimmt, auch etwas an diese kirchlichen Auslagen beiträgt, an dem Unterhalt beisteuert. Das ist die Bedeutung der Dispenstaxen. Billig auch, daß, wer mit dieser Dispense mehr gewinnt, reicher ist, das Gesetz tiefer verletzt, ein größeres Opfer bringe. Gleichförmigkeit der Taxe für Alle wäre gerade eine wahre Unbilligkeit. Uebrigens sind die wenigsten von Bedeutung und besonders für die Schweiz ermäßigt. Was schließlich die bischöflichen Kanzleitaxen betrifft, reichen sie bei weitem nicht einmal zur Bestreitung des Kanzlei-Unterhaltes aus.

Ad III. Der Bischof hat sich mit der Catechismusfrage seit dem Amtsantritt ernstlich beschäftigt. Diese Aufgabe, um sie genügend zu lösen, ist aber eine schwierige. Um sie zu lösen, bedarf es vor Allem der kirchlichen Freiheit. Dadurch, daß die weltlichen Regierungen sich darein mischen, sogar in den Inhalt der Religionslehre, wird insbesonders die Schwierigkeit unübersteiglich. Der Bischof kann und darf dieses nicht gestatten. Die Kirche ist die Lehrerin der christlichen Wahrheit.

Die katholische Religion, selbst in den Verfassungen gesetzlich anerkannt, soll sich so geben können, wie sie ist. Unter dem Vorwand von Toleranz fordern, daß sie ihre Grundsätze verkleistere, heißt ihr Gewalt anthun. Die Freiheit, im Catechismus das offen und frei zu lehren, was katholisch ist, liegt im Begriff der ihr wesentlich nöthigen Rechtsstellung. Er ist auch nur für die Katholiken. Der Bischof bittet also die Regierungen, von zu weit gehenden Prätensionen abzustehen. Jedenfalls werde er ohne vorherige Mittheilung an sie keinen neuen einführen. An sich sei bei Hochihm die Wahl eigentlich so zu sagen schon festgestellt.

Ad IV. Ein Reglement für den religiösen Jugendunterricht, der auf die Schulgesetze aller neun Kantone passe und doch durchweg Gleichförmigkeit erziele, ist offenbar eine Unmöglichkeit. Man räume dem Religionsunterricht nur überall eine benöthigte Stundenzahl ein, und die Sache sei dann leicht zu regeln. Wenn das Kind durch Alter und Wissen zur Beicht befähigt ist, so sei es auch berechtigt zugelassen zu werden. Soll die Beicht nicht schon früh den heilsamen Einfluß auf das Kind ausüben können, der ihm nicht nur zur Entsündigung, sondern auch zur Bewahrung vor Sünde verhilft? Aehnliches gilt bezüglich der ersten Communion. Man halte sich doch einfach an die allgemeine Regel der Kirche, nehme Rücksicht auf die Individualität, kurz, man überlasse die Bestimmung des Wann bezüglich der ersten Beicht und Communion dem klugen Ermessen des Seelsorgers und fixire dies nicht nach bestimmten Altersjahren. — Uebrigens ist der Bischof immer bereit über eine Christenlehrordnung mit der Regierung sich zu verständigen.

Ad V. Der Peterspfennig als Liebessteuer der treuen Kinder an ihren bedrängten und der zeitlichen Hülfsmittel entblößten Vater bestand schon früher und Niemand hatte noch die Freiheit desselben verwehrt. Wenn daher der Bischof ein Ermunterungsschreiben zu Handen der Pfarrämter erließ, so war dies weder ein neuernder Erlaß, noch eine bestimmte Weisung. Ueberhaupt, man beschränkt den Bischof von Basel auf eine Weise, daß ihm eigentlich seine Amtsverwaltung verunmöglichet wird; und die Hauptfessel ist eben das Placetum regium. Wie schon der barbarische Name zeigt, stammt es aus einseitig monarchischem Standpunkt, ist im Widerspruch mit republikanischer Freiheit, im Widerspruch mit der freien Presse, mit der Gleichheit Aller vor dem Gesetze. Es ist ein Belagerungszustand, dem keine andere Gesellschaft als einzig die katholische Kirche unterstellt ist. In Anwendung des Placetgesetzes auf rein kirchliche Erlasse macht sich der Staatssouverain zum Theologen, zum Bischof und Papst, während von allen Bürgern der Bischof allein, selbst in Bezug auf das bloße Wort unfrei ist. Das Placet ist gegen das heilige Recht der Katholiken, die Stimme ihrer geistlichen Hirten unbehindert hören zu dürfen. Anderswo ist es längst abgeschafft, selbst in der Schweiz in den meisten Kantonen, im Bisthum Basel in mehrern: warum soll denn diese Fessel für den Bischof von Basel noch immer bestehen? Hochderselbe schließt mit feierlicher Protestation gegen das Placet in Anwendung auf rein geistliche und kirchliche Erlasse, im Uebrigen sich bereit erklärend, in Uebereinstimmung und in Harmonie mit der Staatsautorität zu wirken und zu handeln. Er schließt mit der Bitte, diese Zuschrift als Ausfluß seines Pflichtbewußtseins geneigt aufnehmen zu wollen.

Diese Antwort des Bischofs von Basel entsprach der Diöcesanconferenz nicht; sie beschloß, an ihren Postulaten festzuhalten und der Bischof hatte fortan gegen diese und verwandte **desorganisatorische Tendenzen** zu kämpfen, welche sich bald im Schooße der **Diöcesanconferenz**, bald im Schooße der einzelnen **Kontonalbehörden** kund gaben.

In erster Linie hatte Eugenius gegen die **Zerstörung der Stifte und Klöster** zu streiten.

Selbst in seiner Residenz lag das **Domstift** an einem vieljährigen Aufzehrungsprozeß krank. Eugenius suchte gleich seinem Vorgänger **Karl Arnold** den mit der Regierung von Solothurn in Bezug auf die Wahl des Dompropsts, der Domherren, Domcapläne, Pfarrer und in Bezug auf die Verwaltung des Stiftsvermögens waltenden Streit zu schlichten; allein alle seine officiellen und confidentiellen Schritte blieben ohne Erfolg und zur Stunde ist die Differenz zwischen dem Stifte und der Regierung von Solothurn vielleicht größer als je und von den 11 solothurnischen Canonikaten sind nur noch drei besetzt und die Stiftverwaltung steht ganz unter staatlicher Bevormundung.

Ebenso hatte Eugenius für die Erhaltung des solothurnischen Chorstiftes **Schönenwerd** einzustehen, welches „wegen unbesetzten Pfründen" seinen geistlichen Verrichtungen nur kümmerlich nachkommen konnte und sogar die traurige Aussicht hatte, völlig auszusterben[1]. — Eine ähnliche Auflösung stand dem

---

[1] Zuschrift der soloth. Geistlichkeit an den Kantonsrath im Dezember 1865.

Chorstift Baden im Aargau bevor. In den Jahren 1866 und 1867 wurde die Aufhebung desselben von den Behörden bereits berathen; der hochwst. Bischof trat mit kräftigen Vorstellungen für die Erhaltung und Reorganisation des Stiftes ein und der Schlag konnte von Baden wie von Schönenwerd, wenigstens für diesmal abgewendet werden.

Weniger glücklich war das uralte **Stift St. Martin zu Rheinfelden**. Dasselbe unterlag im Jahr 1870 dem Todesurtheil des aargauischen Großen Raths und ein gleiches Schicksal theilte das **Kapuzinerinenkloster in Baden**, obschon die Regierung von Aargau noch vor wenig Jahren der Eidgenossenschaft die Fortexistenz dieses Gotteshauses feierlich zugesagt hatte.

Trotz der kräftigsten Verwendung des Bischofs Eugenius unterlag auch das hochgeschätzte **Kloster St. Katharinenthal im Thurgau**. Dasselbe hatte alle Stürme der Reformation und Revolution glücklich überlebt und mußte nun im Jahr 1869 als Opfer der Staatsgewalt bei Anlaß einer Verfassungsrevision fallen.

Mit tief verwundetem Herzen hatte der Bischof selbst in seinem heimatlichen Jura für die **Schulschwestern in Kampf** zu treten. Die Regierung von **Bern** beantragte dem Großen Rathe, alle **Ordensschwestern aus den Schulen des kathol. Jura's zu vertreiben**. In begeisterten Worten legte Eugenius für dieselben Fürsprache ein:

„Wie die Sonne, so schrieb der Bischof u. A. dem Großen Rathe, ihre Strahlen über die ganze Natur verbreitet, so muß auch die Freiheit, soll sie nicht eine Täuschung sein, ihre Wohlthaten über Alle ausdehnen. Wir wollen nicht Privilegien und Gunsterweisungen, aber unsern Antheil am gemeinsamen Rechte verlangen wir. Die Gesetze gewährleisten die Freiheit des Wortes, der Presse, der Association; wir dürfen also wohl fordern, daß sie auch die Freiheit schützen: gemeinsam zu beten und zu leben, gemeinsam zu dulden und zu wirken. Der Gewerbtreibende und der Handelsmann, der Speculant sind frei in der Entfaltung ihrer Kräfte und Talente; es soll desgleichen auch den **Ordensschwestern** gegönnt sein, ihre Schuldigkeit der menschlichen Gesellschaft zu entrichten, ihren Mitmenschen zu nützen, ihre segensreiche Aufgabe zu erfüllen.

„Allen Bürgern des Staates steht es frei, sofern sie den gesetzlichen Bedingungen nachkommen, Unterricht zu ertheilen; es soll also auch den Lehrschwestern unter gleicher Voraussetzung gestattet sein, dem Lehrfache obzuliegen. Der Rationalist darf ohne Strafe die Gottheit dessen anstreiten, den wir als Abbild des Vaters und den Abglanz seiner Wesenheit anbeten; frommen Schwestern aber sollte es verwehrt sein, die zarten Kinder Gott Erkennen und zu Gott Beten zu lehren? Mit einem Worte: Freie Thätigkeit innert den Schranken der Gesetze, einen Antheil an dem gesellschaftlichen Wechselverkehr Aller; das ist's, nicht mehr und nicht minder, was wir begehren."

Allein die begeisterten, freiheitsliebenden Worte des Bischofs verhallten an der Staatsgewalt und es erfolgte ein Decret, das wir hier zur Signatur der Zeit wörtlich einschalten:

„Der große Rath des Kanton Bern, in Betracht, daß die Beobachtung der Gesetze und Vorschriften über das öffentliche Schulwesen, welche der Staat aufzustellen berechtigt und verpflichtet ist, mit dem unbedingten Gehorsam, welchen die Mitglieder religiöser Orden ihren daherigen Obern schuldig sind, sich als unvereinbar erwiesen hat, beschließt: Als Primarlehrer oder Lehrerinnen dürfen von nun an nicht patentirt oder angestellt werden Personen, welche einem religiösen Orden angehören; ebenso sind in Zukunft bereits patentirte oder an öffentlichen Primarschulen angestellte Lehrer und Lehrerinnen, welche einem religiösen Orden beitreten, als auf Patent und Anstellung verzichtend anzusehen."

Manchen Streit hatte der Bischof in Betreff der Civilehe zu führen. Die Grundsätze des Bischofs Eugenius in dieser Beziehung ergeben sich am treffendsten aus seiner Zuschrift an den Verfassungsrath des Kantons Thurgau, aus welcher wir hier folgende Hauptstellen anführen:

„Die Ehe ist laut katholischem Dogma, also laut der Glaubenslehre, welche ein jeder Katholik bekennen muß, ein sacramentalisches Institut, welches der Religion, folglich der Gesetzgebung der Kirche angehört (Concil. Trid. sess. XXIV, Can. 1 et 12), wobei aber dem Staat in Bezug auf die bürgerlichen Folgen und Verhältnisse von jeher der gebührende Einfluß auch zuerkannt war. Als solch' sacramentalische Verbindung ist sie die Gemeinschaft Eines Mannes und Eines Weibes und unauflöslich, wenigstens zu Lebzeiten des einen oder andern Theils. Deutliche Aussprüche des hl. Evangeliums und des Völkerapostels Paulus legen es unwiderleglich dar, daß der eheliche Bund eine religiöse Grundlage hat und die Geschichte bis auf uns erweist es, daß die Kirche Christi diesen Bund als ihrem Einfluß angehörig und ihrer Autorität unterstellt beständig erachtete, — daher das canonische Eherecht. Der katholische Glaube, weil in seinem Inhalte unveränderlich, muß hieran auch heute noch festhalten, und seine wesentliche Lehre hierüber sollte demnach auch, als die einer staatlich anerkannten Confession, jedenfalls so weit in der Verfassung berücksichtigt werden, daß sie und die hierauf sich stützende Praxis der katholischen Kirche wenigstens vor Vergewaltigung gesichert sei. Auch kann ein Katholik, ohne seiner Religion und seinem Gewissen untreu zu werden, nie der Ansicht zustimmen, daß zur Eingehung einer gültigen Ehe die bürgerliche Trauung, unter Christen wenigstens, genüge.

„Es ist überhaupt eine moderne Anschauungsweise, welche in der Ehe nur mehr einen naturrechtlichen Vertrag sieht und ihr sohin nur einen bürgerlichen Charakter zuerkennt, eine überaus betrübende Erscheinung. Was muß so, wenigstens dem Princip nach, aus der Ehe noch werden? Natürlich Alles, was der Staat, was die wechselnden Verfassungen und Menschenmeinungen aus ihr machen wollen. Der blos bürgerliche Begriff der Ehe hat keinen sittlichen Gehalt, geschweige einen christlichen; er befördert jedenfalls die leichtsinnigen Auflösungen des Ehebandes, schließt aber auch die traurigen Verirrungen des Mormonismus nicht aus. Es braucht nur Formen und Gesetze, und was vor dem christlichen Gewissen Unsittlichkeit ist, wird bürgerlich sanctionirt!

„O dürfte ich Sie, hochgeehrteste Herren! warnen vor einem Beginnen, welches die schrecklichste Zersetzung und die verderblichste Profanirung in dieses Heiligthum der menschlichen Gesellschaft, in die Ehe bringt! Es bedarf weiter nichts, als daß das eheliche Band des religiösen Charakters und der christlichen Weihe entkleidet und damit auch dem Segen von Oben entfremdet werde, so wird auch ihr sittlicher Gehalt und Einfluß sofort verflüchtiget werden, nur das Irdische und Sinnliche wird in den Vordergrund treten. Daß hieraus weder für das Familienleben Glück erblühen, noch dem Frauengeschlechte jene würdige Stellung, die das Christenthum ihm zuwandte, erhalten werden wird, läßt sich unschwer voraussehen. Schnell ist ein Grundpfeiler des socialen Gebäudes entfernt, aber schwerer ist's dann, den Sturz des Gebäudes aufzuhalten.

„In der katholischen Kirche ist das Dogma unveränderlich; ihr Lehrinhalt ist von Verfassungsrevisionen unabhängig. Mag auch die bürgerliche Verfassung die Civilehe einführen, die Kirche kann nicht anders, als jede nicht nach ihren wesentlichen Vorschriften eingegangene

Verbindung als bloßes und sündhaftes Concubinat zu bezeichnen. Daß hieraus zahlreiche und bedauerliche Collisionen entstehen müssen, springt in die Augen, — allein ruhig darf die Kirche jede Verantwortung dafür von sich ablehnen, — nicht sie ändert Normen von bald zweitausendjährigem Bestande; Theoretiker thun dies, die von gestern her sind."

Ebenso eiferte Eugenius gegen die Umwandlung der katholischen Schulen in confessionslose, wie sie namentlich von dem gleichen thurganischen Verfassungsrath bezweckt wurde. Er zeigte, wie dadurch der Religionsunterricht verkümmert, die Erziehung gelähmt, das Gedeihen der Schule verhindert werde und wie es ungerecht sei, die gestifteten katholischen Schulfonds für confessionslose Schulen in Beschlag zu nehmen.

Als diese bischöflichen Vorstellungen über die Ehe, Schule und einige andere confessionelle Artikel im Thurgauischen Rathe den gewünschten Eingang nicht fanden, wiederholte der getreue Hirte dieselben in seinem gewissenhaften Eifer durch eine neue Zuschrift unterm 14. Jan. 1869[1]). Und welches war der Erfolg? Der thurgauische Verfassungsrath sandte dem Bischof die Zuschrift mit folgendem Begleitschreiben zurück. „Hochwürdigster Herr Bischof! Nach Anhörung Ihrer neuesten, „unsere Verfassungs-Revision betreffenden Eingabe vom 14. Januar l. J. „hat der Verfassungsrath beschlossen, es sei diese Eingabe ihres un-„würdigen und anmaßlichen Inhalts wegen ihrem Verfasser einfach „zurückzustellen. Indem wir uns dieses Auftrages anmit entledigen, „zeichnen wir mit gebührender Hochachtung."

Die Pfarrwahlen bildeten für Eugenius ein nicht minder schmerzliches Streitfeld. Gemäß dem canonischen Rechte und in Uebereinstimmung mit der staatlichen Gesetzgebung war das Pfarramt bis jetzt in allen Kantonen der Diöcese Basel ein lebenslängliches, ein Benefizium. Diese selbständige Stellung der Pfarrer lag den meisten Regierungen nicht recht, und durch einseitige staatliche Gesetze suchten sie successive die Neuerung einzuführen:

1. Daß die Pfarrer nicht mehr lebenslänglich, sondern nur auf eine bestimmte Zeit z. B. auf 3, 5, 6 Jahre ernennt wer-

---

[1]) Wir bedauern, wegen Raummangel die daherigen bischöflichen Schreiben hier nicht mittheilen zu können.

den sollen und 2. daß auch die bereits lebenslänglich ernannten Pfarrer sich der Wiederwahl zu unterziehen haben. Gegen diese periodische Wahl und Abberufung der Pfarrer mußte der hochwst. Bischof mit allen erlaubten Mitteln streiten und kämpfen. Er that es redlich und männlich. Durch Zuschriften und Proteste suchte er die Regierung von Thurgau (anno 1868) von Aargau (anno 1870 und 1871) von Baselland (1870) von Bern (1872) von Solothurn (1872) von diesem Vorgehen abzuhalten, oder zur Zurücknahme ihrer gefaßten Beschlüsse zu bewegen. Das bischöfliche Ordinariat von Basel wandte sich fort und fort hiefür an die Regierungsräthe und an die Großräthe (im Aargau zum siebenten Mal).

Aus den zahlreichen bischöflichen Acten können wir, wegen Raummangel, leider nur einige Hauptstellen und zwar aus der jüngsten Zuschrift an Solothurn (d. d. 26. Nov. 1872) anführen:

„Das katholische Kirchenrecht beschützt die zeitlich unbeschränkte Fortdauer des Pfarrpfründenbesitzes, nachdem die Pfründe einmal canonisch ist verliehen worden, aus dreifachem Grunde: 1) wegen des Bepfründeten; 2) wegen der Gemeinde und 3) wegen der kirchlichen Autorität, ihrer Rechte und Freiheit.

1) Der geistliche Stand kann keineswegs den andern weltlichen Ständen und Berufsarten gleichgestellt werden. Bis Einer zum Antritte des geistlichen Standes und einer Seelsorgpfründe gelangt, hat er ungemein viele Opfer gebracht und eine geraume Zeit der besten Jugendjahre in fortwährendem Studium verbracht; er darf also doch Anspruch auf den nothwendigen Lebensunterhalt haben. Steht er aber auch als Geistlicher da, so ist ihm zudem sein Beruf keine Erwerbsquelle, wie etwa die Medicin oder die Advocatur; er ist also in Folge seines Berufes auf einen der gar nicht so zahlreichen Posten angewiesen, der ihm bei Bethätigung für das sittlich religiöse Wohl einer Gemeinde zugleich seine Zukunft und seinen Lebensunterhalt sichert. Eine Sicherung ist aber nicht vorhanden, wo, selbst ohne Verschulden, die Stelle einem Bepfründeten nach Umfluß weniger Jahre wieder entrissen werden kann.

„Bei solch periodischer Anstellung ist der Geistliche, der Seelsorger auch mehr gefährdet, als jeder bürgerliche Angestellte. Denn da er die Handhabung der christlichen Zucht und der Beobachtung der Religionsgebote, wie auch die Bekämpfung von Sünde und Laster in seiner

Gemeinde zur Aufgabe hat, ist es kaum denkbar, daß er nicht hie und da anstoße, Widerstand finde, Leidenschaft wecke und Ernst entwickeln müsse. Niemand in der ganzen menschlichen Gesellschaft hat eine ähnliche Aufgabe und befindet sich sohin im gleichen Falle wie der Geistliche.

„Der Seelsorger, nach Umlauf einer Periode nicht wieder gewählt, ist weit unglücklicher, als jeder andere Bürger; er ist und bleibt an seinen Stand gebunden und kann nicht, wie der Weltliche, zu anderm Erwerb übergehen. Es haftet für ihn auch in den Augen des Volkes eine Art Schmach darauf, nicht wiedergewählt zu sein. Findet er an sich nicht so leicht geeignete Anstellung, so ist dies nach einer Nichtwiederwahl besonders schwierig. Es dürfte vorausgesehen werden, daß das Gesetz dem Kanton bald unbeschäftigte Priester, vielleicht selbst ohne bedeutendes Verschulden ihrerseits schaffen würde, die am Ende der bittern Noth anheimfielen.

„Ist solche Aussicht noch nöthig, um, obschon der Priestermangel gegenwärtig schon sehr fühlbar ist, die Jünglinge von Ergreifung dieses an sich erhabenen Berufes abzuhalten und die Eltern vor Uebernahme der großen Opfer hiefür zu erschrecken?

„Die Würde des geistlichen Standes verträgt sich übrigens so wenig, als seine heilige Aufgabe, mit diesem Miethsystem, welches den Seelsorger als einen auf bestimmte Jahre gedungenen Angestellten der Gemeinde erscheinen läßt. Es ist der Geistliche aber dies nicht; es ist der Angestellte, der Diener der Kirche zum Wohle und Heile der Gemeinde.

„2. Der Grundsatz der Wiederwahl der Seelsorger ist höchst nachtheilig für das Wohl der Gemeinden. Denn es wird dadurch der Intrigue, dem Parteiwesen, der Zwietracht in Familie und Gemeinde Thür und Thor geöffnet. Zur Zeit des Wahltermins insbesondere werden die Gegner des Pfarrers — und welcher hätte deren nicht? — sich breitmächtig machen und Allem aufbieten. Das gibt gerade den Sittenlosen, den Ungläubigen eine Macht und einen Einfluß, der nur verderblich sein kann. — Will aber der Seelsorger darauf bedacht sein, ja immer sich seine Wiederwahl zu sichern, so wird er ein lauer, willenloser, blinder Hirte der Schafe sein, der Aergernissen schonet, den Mächtigen schmeichelt, keine Sittenzucht fördert und nach der Windfahne sich stets richtet. Werden die Pfarrgemeinden wohl alsdann ihre Hirten achten, lieben und schätzen können? Werden so die Eltern sich Seitens der Kinder auch der Liebe und des Gehorsams freuen? Wird alsdann Glaube, Frömmigkeit, Unschuld, Tugendstreben in den Gemeinden blühen? O gewiß nicht. In gar häufigen Fällen, wo ein Conflict zwischen Gemeinde und Seelsorger entsteht, tritt gerade die Lebenslänglichkeit des Seelsorgers als sänftigendes, bindendes Heilmittel ein; würde ein Termin der Nichtwiederwahl in solchem Momente bestehen, so würde in Dutzenden von Fällen, die jetzt ganz milde verlaufen, das Band, das Hirt und Heerde an einander knüpft, grell zerschnitten — und die Reue käme zu spät.

„Zwar werden die Geistlichen, welches immer die Lage sein mag, die man ihnen schafft, ihren hohen Pflichten so gut möglich zu genügen bestrebt sein; allein es wäre traurig genug, sie — und nur sie — bei ihrem mühevollen Wirken noch mit willkührlichen Hemmnissen zu umgeben und Alle würden nicht immer zu wahrhaft heroischer Aufopferung sich erschwingen, deren es eintreffenden Falls bedürfte.

„O gewiß, in Allem, was die Kirche thut und durch ihre Gesetzgebung bestimmt, hat sie in erster Linie das Wohl und Heil des Volkes im Auge. Sie, die auf eine Erfahrung von achtzehn Jahrhunderten sich stützt, muß es am besten wissen, und weiß es, was den Gläubigen heilsam ist und was nicht. Sie, die Kirche, ist es ja zudem, die von Jesus Christus eingesetzt worden zur Heiligung und Heilbesorgung der Seelen. Sie hat somit das Recht, ihre eigenste Sphäre zu schützen und nach ihren Grundsätzen zu regeln, — und es ist ihr dies auch durch die Kantonalverfassung garantirt.

3. „In der katholischen Kirche ist der Bischof der Obere der Seelsorger; wie diese ihm verantwortlich sind, so ist er berechtigt, unter Beobachtung der nöthigen Vorschriften Unwürdige und Untaugliche aus ihrem Wirkungskreise zu entfernen. Und er hat es auch bis anhin gethan, den begründeten Beschwerden, den berechtigten Wünschen der Obrigkeit wie der Gemeinden stets billige Rechnung tragend. Gerade indem der regierungsräthliche Bericht eine Lese aller jener Fälle vor Augen führt, wo einzelne Seelsorger sich arge Blößen gaben, bestätigt er eigentlich nur den Satz, daß auch bishin — ohne Wiederwahlgesetz — solche Geistliche unschädlich gemacht oder entfernt wurden. Ihr Bischof hat in dieser Beziehung, vor Gott, seinem Gewissen und der Landesbehörde keinen Vorwurf sich zu machen; haben doch öffentliche Blätter Klage geführt, als ob die Curie (wie man's nennt) allzu streng mit der Geistlichkeit verfahre! Es ist ja der Bischof, der für das Seelenheil der Gemeinden die schwerste Verantwortung trägt; wie wäre

er nicht der Erste bereit, Geistliche abzuberufen, welche in den Gemeinden nicht mehr gut thun?

„Das bischöfliche Recht aber, Geistliche, welche schwer schuldbar sind, von ihrem kirchlichen Wirkungskreise zu entfernen und sie nicht mehr als Organe der Kirche anzuerkennen, wie auch die benöthigte oberhirtliche Freiheit, diese Entfernung auch ohne Rücksicht auf Abberufungstermine vollziehen zu können, sondern sofort als es Noth thut, macht das vorgeschlagene Gesetz ganz überflüssig. Und es ist des Bischofs von Basel heilige Pflicht, sich dieses Recht zu wahren; es gebühret wieder jedem meiner Nachfolger gleich wie mir. Aber ebenso hat der Bischof sich und seinem Amte das Recht und die Freiheit zu wahren, die Pfarrer in ihrem Besitz und kirchlichen Wirkungskreise zu schützen, wenn sie ihre Pflicht thun, und wenn nur Parteiumtriebe, Intriguen, unverdiente Verfolgung sie verdrängen möchten, wobei nicht selten sich ereignet, daß momentan selbst die Mehrzahl der Pfarrangehörigen sich bestricken läßt, dem Pfarrer ihr Wohlwollen zu entziehen, da ist das kirchliche Gesetz und die kirchliche Autorität ein Damm gegen Ungerechtigkeit.

„Es ist überdies klar, daß Fälle von Nichtwiederwahl stets Anlaß zu Conflikten zwischen Kirche und Gemeinde oder Kirche und Staat geben müßten; denn erstere muß ihren Rechtsstandpunkt wahren. Und wo es sich ereignen würde, daß ein durchaus pflichtgetreuer Pfarrer, vielleicht gerade um seiner Pflichttreue, entfernt würde, da träte für den Bischof sogar die gebieterische Nothwendigkeit ein, keinem Geistlichen die Admission zur Ausübung der Seelsorge in solcher Gemeinde zu gewähren."

Alle Vorstellungen, Bitten, Proteste des Bischofs blieben ohne Erfolg: die Regierungen von Thurgau, Aargau, Baselland, Bern und Solothurn haben trotz aller Einsprachen die Wiederwahl und Abberufung der katholischen Pfarrer auf dem Wege der Staatsgesetzgebung eingeführt und auf diesem Gebiete die Kirchenverfassung wo möglich desorganisirt.

Ein langwieriger Conflikt entspann sich auch wegen den Feiertagen. Schon unter dem Episcopate Salzmann's und Arnold's wurde von den Regierungen eine Verminderung der Feiertage verlangt und von den beiden Bischöfen mit Genehmigung des apostolischen Stuhls theilweise zugestanden. Auch unter dem Episcopat Lachats traten die Regierungen mit dem Begehren für abermalige Verminderung auf, vorzüglich auf industrielle

8*

Gründe gestützt. Dieses staatliche Drängen auf Aufhebung der Feiertage fand aber weder bei der Geistlichkeit, noch beim Volke Anklang und beinahe in allen Kantonen sprachen sich Geistliche und Layen massenhaft durch Adressen gegen dieselbe aus. Eugenius unterbreitete die Angelegenheit dem hl. Stuhle und erhielt unterm 31. Januar 1866 die Vollmacht an mehreren Feiertagen Dispense zur Verrichtung gewerblicher Arbeiten für diejenigen Personen und industriellen Etablissements zu gewähren, welche mit motivirten Ansuchen dafür einkommen würden; immerhin jedoch unter Festhaltung der Verpflichtung, an solchen Tagen der hl. Messe beizuwohnen.

Mit dieser Concession gaben die Regierungen sich nicht zufrieden und mehrere derselben schritten nun einseitig zur Lösung, indem sie mehreren Feiertagen den bisherigen gesetzlichen und polizeilichen Schutz entzogen und dieselben nicht nur staatlich nicht mehr anerkannten, sondern sogar an denselben Schulbesuch, Gerichtssitzung ꝛc. vorschrieben.

Dadurch sah der hochwst. Bischof sich zur folgenden Weisung an die Geistlichkeit genöthigt:

„Da die Kirche ihre Gläubigen zur Beobachtung jener Feiertage, welche von ihr eingesetzt sind, in Kraft ihrer höhern Autorität, darum im Gewissen und unter Sünde verpflichtet, kann auch nur sie von dieser Gewissenspflicht entbinden, sei es durch Verminderung der Feiertage oder durch begründete Ausnahmsgestattungen, wie sie es eben für das Wohl der Gläubigen als gut und heilsam erachtet.

„Bis es also dem hl. Stuhle gefallen wird, irgend eine weitere Verfügung zu treffen, bleiben zur Stunde und fortwährend noch alle jene Feiertage vor Gott und dem Gewissen in Kraft, welche unser Bisthum bis anhin als solche gefeiert.

„Es werden deshalb auch alle Pfarrämter angewiesen, an sämmtlichen Feiertagen wie bis jetzt, ohne die mindeste Veränderung denjenigen feierlichen Gottesdienst abzuhalten, für Vor= und Nachmittag, der in den resp. Pfarreien üblich ist.

„Wir werden übrigens den Stand der Feiertagsfrage im allgemeinen Bisthum sowohl, als in den einzelnen Kantonen, dem hl. Stuhle nochmals darlegen und Alles seinem weisesten Entscheide unterbreiten.

„Möge der Höchste es lenken, daß diese wichtige, in's sittlich=religiöse Leben tief eingreifende Angelegenheit eine gedeihliche Lösung erhalte."

Gegenüber den Regierungen begründete der Bischof sein Verfahren durch eindringliche Schreiben; wir entheben demjenigen an Bern folgende Hauptpuncte:

„Man hat der kirchlichen Autorität nicht ohne Bitterkeit den Vorwurf gemacht, als habe sie eine Verständigung mit der bürgerlichen Autorität zur Erledigung der Feiertagsfrage von der Hand gewiesen. Es sei mir erlaubt, Ihnen, Titl., zu sagen, was an der Sache ist. — In der katholischen Kirche steht es nicht in der Vollmacht der Bischöfe, die Feiertage aufzuheben. In dieser Angelegenheit können sie nur in soweit handeln, als sie dafür vom apostolischen Stuhle autorisirt sind; er allein ist für uns in dieser Sache die competente Behörde. Die weltlichen Regierungen wenden sich gewöhnlich an ihn, wenn sie für ihre Staatsangehörigen eine Verminderung der Feiertage zu erlangen wünschen. So hat die Regierung des Kantons Freiburg, auf die man sich so gerne beruft, sich mit ihrem Begehren direct an Rom gewendet und sodann eine Reduction der Feiertage erlangt.

In der Diöcese Basel hat man diesen sonst überall üblichen Weg nicht eingeschlagen; man hat sich darauf beschränkt, den Bischof darum anzugehen, daß er von sich aus die nöthigen Schritte thue. Der Unterzeichnete hat nicht ermangeln lassen, alle Begehren und alle Wünsche der hohen Stände dem hl. Stuhle vorzutragen und zu empfehlen. Anderseits aber hat die gesammte Geistlichkeit und haben die katholischen Bevölkerungen in Masse sich gegen die Aufhebung der Feiertage verwahrt, so zwar, daß der Bischof von Basel sich gestellt sah zwischen die Staatsbehörde, welche die Aufhebung der Feiertage nachdrucksamst forderte und zwischen die dringenden Bitten seiner Diöcesanangehörigen, welche von ihm die Erhaltung der Feiertage verlangten. Da man sich ganz besonders auf die Bedürfnisse der modernen Industrie berufen hatte, so gewährte der hl. Stuhl eine in dieser Beziehung weit gehende Begünstigung, die auch von den hohen Ständen unter Verdankung an den Diöcesanbischof hingenommen ward, von dem man jedoch nichts desto weniger verlangte, er habe abermals Schritte zu thun, um noch weitergehende Concessionen zu erlangen.

„Unterm 25. Februar abhin hatte der Unterzeichnete die Ehre, den Ständen zu antworten, er sei bereit, abermalige Begehren der Regierungen, sowohl einzelner als aller insgesammt und zwar nach ihrem vollständigen Wortlaute, nach Rom gelangen zu lassen und dieselben zu günstiger Aufnahme zu empfehlen. Auf dies mein Vorgehen habe ich noch keine Antwort. Gleichwohl habe ich und zwar aus eigenem

Antrieb in diesen Monaten neue Schritte gethan. Wer aber die außerordentliche Menge der persönlichen Besuche und all' der Geschäfte, die dem apostolischen Stuhle zuströmen, in Beachtung zieht, dem kann es nicht auffallen, daß zu einer definitiven Erledigung unserer Feiertagsfrage die Zeit nicht hinreichte. Ich bin jedoch im Falle, Sie, Titl. zu versichern, daß dies mein abermaliges Vorgehen nicht unnütz blieb; denn ich habe die Zusicherung erhalten, der hl. Stuhl habe das an ihn gestellte Ansuchen in ernste Erwägung gezogen und eine Reduction der Feiertage werde nach Verlangen der Stände und im Verhältnisse zu den religiösen und materiellen Bedürfnissen unserer Bevölkerung statt finden.

„Angesichts dieser Thatsachen und über all' die ungerechten und leidenschaftlichen Anschuldigungen, die man gegen mich erhoben, mit Stillschweigen hinweggehend, gebe ich mich lieber dem Glauben hin, man werde es anerkennen, daß das bischöfliche Ordinariat in dieser äußerst schwierigen Lage zwischen den Staatsregierungen und den Kundgebungen religiösen Gefühles von Seiten des unter seiner geistlichen Jurisdiction stehenden Volkes gleichwohl nichts unterlassen habe, um zwischen den zuständigen Behörden eine freundliche Verständigung zu vermitteln, um jeder billigen Anforderung ein Genüge zu leisten und daß auch der hl. Stuhl, der eben alle Bedürfnisse abzuwägen hat, nie aufgehört habe, Beweise seines Wohlwollens kundzugeben".

Da die Gläubigen sich in Folge dieses Feiertags=Confliktes in der größten Bedrängniß befanden, um ihren Gewissenspflichten nachzukommen, so machte der apost. Stuhl, welcher die socialen Bedürfnisse in möglichen Punkten immer thunlichst zu berücksichtigen ncht, eine weitgehende Concession, indem er die Feiertage für das Bisthum Basel auf neun reducirte. Eugenius zeigte dies unterm 7. März 1868 der Geistlichkeit und dem Volk in einem Hirtenschreiben an, welches mit folgender oberhirtlicher Ermahnung schloß:

„Wir ermahnen das gläubige Volk, diese Feiertagsverminderung mit der dem Katholiken geziemenden Unterwürfigkeit und Ehrerbietigkeit gegen die weisen Verordnungen der obersten kirchlichen Autorität hinzunehmen. Im Uebrigen soll sich Jedermann befleißen, so viel an ihm ist, die Sonntage und die wenigen noch bleibenden Feiertage um so gewissenhafter, im Sinne ihrer Einsetzung und erhabenen Bedeutung, zu beobachten und heilig zu halten, wie auch nach Kräften, Jeder in seinem Kreise und bei seiner Umgebung, dahin zu wirken, daß dieses auch von den Andern geschehe."

Das katholische Volk nahm diese kirchliche Verordnung laut der Ermahnung seines Bischofs, wenn auch mit Schmerz, doch mit Ehrerbietung auf und fügte sich in die Feiertagsverminder= ung; aber haben die Kirchengegner trotz dieses Entgegenkommens ihre Angriffe eingestellt?

Wiederholt hatte der Bischof ferner gegen bureaukratische Maßreglungen, namentlich gegen das Staatsplazet zu streiten. Anno 1868 z. B. verlangte die Regierung von Bern, daß der Bischof ihr das Fastenmandat zur Einholung des Plazets unter= breiten soll; allein freimüthig erklärte Eugenius: Die kirch= liche Autorität könne in keinem Falle ein Plazet der weltlichen Regierung für ihre religiösen Erlasse anerkennen; das sog. Plazet sei ein wesentlicher Eingriff in die Freiheit des kirchlichen Lehr= amts, wie in die religiöse Freiheit der katholischen Gläubigen und es sei mit der Stellung unvereinbar, welche der katholischen Kirche an sich und in einem Staate, der sie gesetzlich anerkenne, gebühre.

Anno 1867 entzog die Regierung von Luzern dem pflicht= getreuen bischöflichen Commissar Dr. Winkler ihr hoheitliches Plazet und forderte dessen Entsetzung; allein der hochwst. Bischof trat auf das Ansinnen nicht ein und versicherte seinen Com= missar in einem Schreiben des bischöflichen Plazets.

Anno 1865 beliebte es der Regierung von Thurgau, die päpstliche Bulle bezüglich des Dogmas der erbsündlosen Empfäng= niß Mariens nicht verkünden zu lassen; der Bischof aber be= merkte derselben rundwegs:

„In der Absicht, den Pflichten, welche mein Amt als Bischof mir auferlegt, getreue Folge zu leisten, beehre ich mich, Ihnen, hoch= geachtete Herren! die Erklärung abzugeben, daß ich Ihnen die Befug= niß nicht zuerkennen kann, über die Lehren und Grundsätze der katho= lischen Kirche zu richten; daß es sich in dem Rundschreiben des heil. Vaters einzig um dogmatische Lehrpunkte handelt und daß dasselbe durch= aus zu keinem Akt auffordert, der etwa gegen Ihre Gesetze sich ver= stieße; daß Sie somit sich einen Uebergriff in die religiösen Rechte des katholischen Volkes herausnehmen, das doch sicher das Recht hat, die Worte seiner rechtmäßigen geistlichen Hirten zu hören, gleichwie diese, auch ihrerseits, das Recht haben, die Entscheidungen und Lehren der

Kirche allen Katholiken zur Kenntniß zu bringen; daß also demgemäß Ihre Beschlußnahme der in unserm theuern Vaterlande durch das öffentliche Recht garantirten freien Ausübung der kathol. Religion und der Amtspflicht ihrer Diener entgegentritt und sie verletzt."

Anno 1870 machte die Regierung von Solothurn dem Bischofe die Anzeige: „daß die Diöcesanstände das vati„canische Concil aus formellen und materiellen Grün„den nicht als ein ökumenisches anerkennen und daß sie „erwarte, der Bischof werde von der Veröffentlich„ung der bisherigen Concils-Decrete Umgang neh„men und werde keine Nöthigung eintreten, die „Oberhoheitsrechte des Staates in weiterer Weise „zu Rathe zu ziehen." In gleichem Sinne that sie bei dem Bundesrathe Schritte, der sie jedoch zur Berathung dieser Angelegenheit auf die bevorstehende Bundesrevision verwies. Die Regierung von Aargau aber erließ ihrerseits eine Proklamation, in welcher sie das Vorgehen des Concils als „eine „Kriegserklärung an die Geister, an die Vernunft „und Wissenschaft des Jahrhunderts, an die Welt„ordnung der Zukunft" erklärte und den Pfarrern befahl, diese regierungsräthliche Proklamation in der Kirche von der Canzel zu verkünden.

Bischof Eugenius machte unterm 10. September ernste Vorstellungen gegen diese Gebahrungen und schloß seine Zuschrift dahin:

„Was hat die Staatsautorität überhaupt mit diesem Glaubensgebiete zu schaffen? Wie kann und darf sie sich sogar als Richterin hierüber aufwerfen? Und wozu strebt sie, in dieser Hinsicht die Gewissen zu verwirren, ehe und bevor noch die geistliche Diöcesanautorität die geringste Kundgebung veranlaßt hat?

„Erlauben Sie mir, hochgeehrteste Herren, offen und ernst meine Beschwerde über dies Vorgehen Ihnen einzugeben und insbesonders mein Bedauern darüber auszusprechen, daß durch benannten Passus der katholische Glaube in seinem Inhalte verunglimpft, der glaubenstreue Katholik herabgewürdigt und der Nichtkatholik zur Verachtung der katholischen Religion und Kirche angereizt wird; zu geschweigen erst des Umstandes, daß dem katholischen Geistlichen zugemuthet wird, zur Verlesung solch' verletzender und unwahrer Darstellung sich herzugeben, was gegen sein Gewissen, gegen sein heiliges Amt, gegen seine Pflichten der Kirche und dem gläubigen Volke gegenüber geht. Der aargauische Clerus wird dies hoffentlich begreifen, auch ohne eine Weisung meinerseits, die, von heute auf morgen, wegen zu später Bekanntwerdung, bereits eine Unmöglichkeit ist."

Anno 1871 erlaubten die Regierungen von Aargau, Baselland und Schaffhausen nur einen Theil des bischöflichen Fastenmandats zu verkünden und die Regierung von Bern drückte dem Bischof nachträglich ihre Mißbilligung und ihr Bedauern aus, mit einem Verbot zu spät gekommen zu sein[1]).

Im gleichen Jahre schärfte Aargau anläßlich der Sammlung der Peterspfennige die Weisung ein, keinen bischöflichen Erlaß ohne vorherige Staatsplazetirung zu verkünden.

Wiederholt griff die Regierung von Bern in das Collaturrecht ein, welches dem Bischof von Basel laut staatsrechtlichen Verträgen bezüglich der Pfarreien des Juras zustand. Da die Regierung trotz allen Einsprachen und Verwahrungen des Bischofs ihre Eingriffe festhielt, so konnte mehr als eine Gemeinde nur mit einem Pfarrverweser versorgt werden.

Diese büreaucratische „Regiererei" verging sich zu weitern Kleinlichkeiten, welche, gerade weil ohne Belang, desto bezeichnender für den herrschenden Staatsgeist sind.

So erließ die Regierung des großen Kantons Bern eine Verordnung, daß kein katholischer Geistlicher seine Pfarrei auf mehr als acht Tage verlassen dürfe, ohne vorher der Staats-Kirchen-Direction in Bern Anzeige gemacht zu haben. Und die Regierung von Baselland verordnete, daß jeder katholische Pfarrer dem Regierungsstatthalter den bevorstehenden Besuch jedes außercantonalen Geistlichen anzeigen müsse, sofern derselbe Predigt oder Gottesdienst halten wolle.

Was mußte wohl der hochwst. Bischof zu solchen Regierungsdecreten denken und sprechen? Die „Kirchenzeitung" fertigte dieselbe mit der Frage ab, ob dem Regierungsstatthalter auch

---

[1]) Die Stellen des bischöfl. Hirtenbriefes, welche beanstandet wurden, bezogen sich theils auf die Erhebung des hl. Josephs zum allgemeinen Patron der kathol. Kirche und zum besondern Patron des Bisthums Basel, theils auf die Erörterung des unfehlbaren kirchlichen Lehramts.

die **Photographie** des betreffenden Geistlichen einzusenden sei[1]).

Am tiefsten ging der Kampf um das **Diözesan-Seminar**. Wir müssen demselben hier eine einläßlichere Aufmerksamkeit schenken, da derselbe im traurigen Schlußact des Bisthums-Conflicts eine **Hauptstelle** einnimmt.

Das **Concordat von 1828** schreibt im Art. VIII. vor:

„In Solothurn, dem Sitze des Bischofs und des Dom-
„capitels wird ein Seminar errichtet werden, wofür die Regier-
„ungen die Stiftungsfonds und die Gebäulichkeiten liefern wer-
„den. Vereint mit vier Domherrn ꝛc. leitet und verwaltet der Bischof das Seminar". — In der **Circumscriptions-Bulle Leo's XII**., welche von allen Regierungen anerkannt worden, wird diese Stipulation wiederholt und ausdrücklich erklärt, daß der **Bischof** das Seminar in Solothurn errichten soll und ferner beigefügt, daß der **Bischof** laut den Vorschriften des Concils von Trient für die Leitung und Verwaltung und den Unterricht in der gesunden Lehre stets zu sorgen habe ꝛc.

Unter Bischof Salzmann erhielt dieser Artikel nur eine provisorische, theilweise Ausführung und erst dem Bischof Carl Arnold gelang es nach schwierigen Unterhandlungen mit den Regierungen eine Uebereinkunft für Errichtung des Priester-Seminars in Solothurn unterm 17. Herbstmonat 1858 abzuschließen. Laut diesem Vortrag haben die Regierungen das Finanzielle (Gebäude, Honorar der Professoren ꝛc.) zu bestreiten und die **Aufsicht des Staates** wird in folgender Weise normirt:

Aufsicht des Staats.

Es wird der h. Regierung jedes einzelnen Diöcesancantons oder auch der Gesammtheit dieser hohen Regierungen freigestellt, zu jeder beliebigen Zeit **Einsicht über das Seminar in seinen verschiedenen Beziehungen zu nehmen oder nehmen zu lassen**.

---

[1]) Wenn selbst Regierungen sich zu solchen unfreiheitlichen Gebahrungen gegen Bischof und Geistlichkeit hergeben, so muß man sich nicht verwundern, wenn einzelne Fanatiker sie mit noch unfreiheitlichern Waffen be meistern wollen. Unser Ehrgefühl als Schweizer erlaubt uns nicht, solchartige Exzesse, wie sie sich in der Presse, Charivaris, Maskeraden, und noch Aergerm kundgeben, hier anzuführen.

Vom Bischofe sollen jeweilen durch Vermittlung der Regierung von Solothurn den sämmtlichen Diöcesanständen die Tage der Endprüfung eines jeden Seminarcurses frühzeitig genug angezeigt werden, damit diese nach Gutfinden zu derselben ihre Commissarien abordnen können. Die, mit Beachtung vorstehender Grundlagen durch den Bischof unter Zuziehung der vier ihm vorschriftsgemäß beigegebenen Domherrn, für das Seminar zu erlassenden Statuten, mit Ausnahme jener der religiös sittlichen Disciplin, sollen der Genehmigung der in Conferenz versammelten Diöcesanstände unterlegt werden.

Bischof Eugenius widmete dem Priester-Seminar, den Lehrern und Zöglingen eine väterliche Liebe. Bei der ersten Priesterweihe anno 1864 brachte er den ganzen Tag im Seminar wie ein guter Vater im Kreise seiner Familie zu, erklärte den Geweihten in einer lateinischen Ansprache: sie seien jetzt als Priester seine Freunde, und zwar seine Erstgebornen, indem sie die ersten seien, die er zu Priestern geweiht habe. „Die Eltern, sprach er, tragen eine große Liebe zu ihrem erstgebornen Sohne, weil er sie bei seiner Geburt am meisten erfreute; heute haben sie mich auch als meine erstgebornen Priester mit Freude erfüllt, und ich will sie auch stets in meinem Herzen tragen". Dann ermunterte er sie zum frommen Leben und Wandel, um würdige Arbeiter im Weinberge des Herrn zu werden. Endlich, wie ein Vater, der von seinen Kindern scheidet, nahm der hochwürdigste Bischof Abschied von seinen Neupriestern, einem jeden die Hand mit Liebe drückend und Allen den bischöflichen Segen ertheilend.

Die Jahresprüfungen, welche in Gegenwart des Bischofs und des Domcapitels gehalten und zu denen laut Vertrag die Regierungen geladen wurden, fielen zur Zufriedenheit aus, und in den offiziellen Berichten der Regierungen finden sich anerkennende Zeugnisse. Der Rechenschaftsbericht der Solothurner Regierung z. B. lautete Anno 1862.

„Sämmtliche Diöcesancantone sind nun dem Priesterseminar „beigetreten. Es ist dies der Schlußstein der langen, seit dem „Jahr 1828 andauernden Unterhandlungen. Mit Befriedigung „sprechen wir aus, daß die Bildung unserer Geistlichen nicht „nur eine ächt religiöse, sondern auch eine vaterländische genannt „werden darf". Anno 1863: „Das Priesterseminar wirkte

„auch dieses Jahr segensreich auf die Bildung unsers Klerus". Anno 1864: „Die Leistungen des Seminars wurden als sehr „befriedigend bezeichnet". Anno 1865: „Auch dieses Jahr „können wir unsere Befriedigung über die Leistungen des Semi= „nars aussprechen". Anno 1866: „Den Vorstehern des Semi= „nars, namentlich dem Wirken des würdigen Regens Keiser, „müssen wir alle Anerkennung zollen". Anno 1867: „Auch „dieses Jahr können wir dem tüchtigen Vorstand unsere Aner= „kennung nicht vorenthalten". Anno 1868: „Der Seminar= „curs nahm seinen gewohnten Gang und wurde durch keine Un= „regelmäßigkeiten gestört. Der Unterricht wechselte ab zwischen „theoretischen Lehren und practischen Uebungen".

Allein dessen ungeachtet suchten die Regierungen seit dem Jahr 1865 sich mehr und mehr in den Lehrgang des Seminars einzumischen und bereits im Jahr 1867 verabredete die Diöcesan= conferenz, daß jeder Candidat vorerst eine Prüfung vor einem durch die Regierungen ernannten Examinatorium zu bestehen und gültige Maturitätszeugnisse über seine Studien vorzulegen habe, bevor er in das Priesterseminar aufgenommen werden dürfe[1]). Diese Verabredung wurde mit den folgenden Jahren weiter ausgesponnen, bis im Jahr 1869 Herr Landammann Keller den bekannten Gury=Streit eröffnete. Derselbe er= klärte im aargauischen Großen Rath, daß im Priester=Semi= nar zu Solothurn Lehrbücher (Moral nach Gury) auf= gelegt seien, aus denen der crasseste Unsinn docirt werde. Herr Seminarregens Kaiser glaubte eine solche Anschuldigung nicht stillschweigend hinnehmen zu dürfen, sondern erklärte in einer öffentlichen Berichtigung u. A.:

„Das bischöfliche Seminar der Diöcese Basel besteht nun im zehn= ten Jahre: von Anfang bis jetzt ist der Lehrgang im Wesentlichen sich gleich geblieben; Jahr für Jahr haben die Diöcesancantone, durch deren gemeinsamen Vertrag mit dem hochw. Ordinariat es zu Stande ge= kommen, ihre Abgeordneten zur Prüfung gesendet und sie können zu jeder Zeit Einsicht von Allem nehmen, was im Seminar gethan wird und gerade der Kanton Aaargau hat, und zwar allein von diesem Rechte Gebrauch gemacht.

„Jedoch nie ist irgend eine amtliche Einsprache erhoben, mehrfach

---

[1]) Vergl. Schw. Kirchenztg. 1867. Nr. 2. 47. Soloth. Landbote Jahr= gang 1867.

hingegen die Zufriedenheit mit dem Gang und den Leistungen des Seminars ausgesprochen worden. Stets sind wir bereit, jedem, der prüfen will und kann, Aufschluß über Lehrmittel und Lehrverfahren zu geben; aber gründliche und allseitige Prüfung müssen wir verlangen und dann wird es sich herausstellen daß die Behauptung, es würde in unserm Seminar „der crassefte Unsinn docirt" Unwahrheit ist und auf Unwahrheit beruht".

Es folgten weitere Auseinandersetzungen zwischen Hrn. Landammann Keller und Hrn. Regens Keiser. Hr. Keller veröffentlichte eine Broschüre gegen Gury und Hr. Keiser wies demselben in einer Gegen-Broschüre 10 falsche Uebersetzungen, in 18 Fällen Mißverständnisse und falsche Auffassungen, in 10 Fällen einseitige Angaben und Auslassungen, in 18 Fällen Verdrehungen und Entstellungen und in 27 Fällen Verdächtigungen und verläumderische Zulagen nach)[1]. Hr. Keller ist bis zur Stunde ungeachtet wiederholter öffentlicher Aufforderungen die Antwort schuldig geblieben.

In der Schlußprüfung anno 1869 ergriff der hochwst. Bischof Eugenius selbst das Wort über diese Angriffe; er sprach sich öffentlich folgendermaßen aus:

„Da das Compendium von Gury fast durchweg in den Seminarien und in den theologischen Lehranstalten Frankreichs und Deutschlands behufs des Moralunterrichts der Priesterthums-Candidaten im Gebrauch ist und von sehr vielen Bischöfen der verschiedenen Nationen mit Lobpreisungen erhoben wird, muß es uns wahrlich mit höchstem Erstaunen ergreifen, daß auf einmal ein Angriff voll Feindseligkeit und Ingrimm gegen dieses Lehrbuch sich erheben konnte. Wohl schwerlich dürfte ein anderer Erklärungsgrund, als Haß und Feindschaft gegen die katholische Kirche, ihre Lehrautorität und ihre Einrichtungen aufzufinden sein. Verstieg sich doch die Anfeindung bis zu einer Art Wuthausbruch, denn — nur das und nichts anderes können wir in der Schmähung erkennen, welche dieses Moralcompendium eine Pfütze der Immoralität, eine Schule des Diebstals und eine Corruption der jugendlichen Keuschheit schilt. Was bei diesem ungerechten Urtheil am meisten anwidert, das ist die Arroganz, daß ein Einzelner sich über das Ansehen der ganzen Kirche Jesu Christi und aller Jener, denen Christus die Bewahrung und Fortverkündung seiner heiligsten Lehre

---

[1] Schweiz. Kirchenzeitung 1870 Nr. 47.

und die Sorge für das ewige Heil der unsterblichen Seelen übergeben, sich zu erheben und vom einseitigsten gegnerischen Standpunkte zum unbefugten Moralrichter derselben sich aufzuwerfen erdreistet. Man fragt sich eigentlich, ob nicht nur ein Suchen nach Streit und Hader einen Gegner erfaßte, welcher ohne sich um bessern Aufschluß umzusehen und ohne, daß ihm hierin wissenschaftliche Berechtigung oder eine Autorität irgend welcher Art zustände, so schreckliche Verläumdungen gegen die katholische Kirche und die Diöcesanbehörde schleudert, vorgebend, es sei der Moralunterricht an unserm Seminar ein immoralischer. Mit gerechter Entrüstung weisen wir solche Schmachrede gegen die Kirche Christi, gegen uns selbst, gegen den hochwürdigsten und so verdienstvollen Regens des Seminars und andere vorzügliche Männer aus unserer Geistlichkeit ab und dahin, wohin sie gehört. Wir zeihen gerade eine so ungeheuerliche Beschuldigung selbst als verabscheuungswerthe Immoralität und rufen unbedenklich zu unserer Rechtfertigung alle gegenwärtige Alumnen des Seminars, ja alle hundertundsiebenzig Priester unserer Diöcese auf, welche in diesem Seminar seit Beginn seiner Existenz ihre theologisch-practische Ausbildung erhielten; es wird Keiner sein, der jene Anklage nicht als falsch, ja als absurd bezeichnet."

Ungeachtet dieser bischöflichen Erklärung befaßte sich die Diöcesanconferenz Ende August 1869 mit Gury und beschloß die sofortige Abschaffung und Entfernung des genannten Lehrbuches aus dem Priesterseminar mit der Erklärung, daß wenn diesem Begehren nicht entsprochen würde, die Diöcesanstände sich ihre weitere Entschließung in Betreff der mit dem bischöfl. Ordinariat vereinbarten Uebereinkunft vom 17. Herbstm. 1858 vorbehalten.

Der hochwst. Bischof stets geneigt, den Regierungen, so weit es mit seinem Gewissen verträglich, entgegenzukommen, beschloß aus einem Lehrbuch keinen Casus belli zu machen und im neuen Lehrcurs 1869/70 wurde Gury durch Henrigk ersetzt.

Hiermit hörte aber der Krieg gegen das Seminar nicht auf; im Gegentheil am 2. April 1870 trat die Diöcesanconferenz neuerdings zusammen und beschloß, während der hochwst. Bischof zu Rom im vaticanischen Concil war, die Aufhebung des Priesterseminars und suchte die Ratification dieses Beschlusses bei den Regierungen nach.

In Abwesenheit des Bischofs erließ das bischöfliche Ordi-

nariat am 7. Mai 1870 sofort folgende Erklärung gegen dieses
Vorgehen:

„Wenn in völliger Mißachtung des formellen und materiellen
Rechtes die Aufhebung des Diöcesanseminars, resp. die Entziehung
der schuldigen Leistungen an dasselbe, von den Ständen in der That
beschlossen werden sollte, so liegt der Bisthumsautorität die heilige
Pflicht ob, gegen solchen ungerechtfertigten Beschluß die feierlichste und
nachdrücklichste Protestation zu erheben, welche auch bereits dem Conferenz=
beschlusse gegenüber hiemit ausgesprochen wird.

„Mit dieser Protestation muß das Ordinariat Basel die Erklär=
ung verbinden, daß von dem Augenblicke an, da die Stände sich zur
Nicht=Erfüllung der ihnen obliegenden Leistungen an das Seminar ent=
schließen würden, die bischöfliche Autorität sich selbst en und allein
die unbedingteste, nur von der kirchlichen Canones (Concil Trid.
Sess. XXIII. cap. de Ref.) geregelte Freiheit vindiciren muß,
ohne alle Einsprache und Einmischung der weltlichen Gewalt die Candi=
daten der Theologie zu bilden, vorzubereiten und zu weihen, wie es
dem ausschließlichen Urtheile des Bischofs und seines Senates gut
scheinen wird, und ebenso, ein allfällig aus kirchlichen Hülfsmitteln
hervorgehendes Priesterseminar so zu errichten, zu organisiren und zu
leiten, wie es ausschließlich der vom Concil zu Trient bezeichneten kirch=
lichen Autorität zusteht."

Im Laufe des Sommers ratificirten sechs Stände den
Conferenzbeschluß, der Vorort Solothurn gab unterm 20.
August 1870 dem Bischof von Basel amtliche Anzeige davon
und fügte in seinem Schreiben bei:

„Da Sie, wie es im Schooße der letzten Diöcesanconferenz kund
geworden, zu beabsichtigen scheinen, von sich aus ein neues Seminar
zu gründen so müssen wir Sie im Auftrage der Diöcesanconferenz
darauf aufmerksam machen, daß nach der Absicht der Circumscriptions=
bulle und des Art. 8 des Bisthumsvertrages die Errichtung von
Seminarien nur unter Mitwirkung und im Einverständnisse der Diöcesan=
stände statthaft ist".

Unterm 29. September richtete Bischof Eugenius, welcher
mittlerweile aus Rom zurückgekehrt, an die 6 renitenten Regier=
ungen eine Protestation mit folgender Erklärung:

„Es leuchtet aus Ihrem Schreiben nicht undeutlich hervor, daß
die Diöcesanconferenz, nicht zufrieden, das bestehende Seminar aufge=
hoben zu haben, selbst der Errichtung einer solchen Anstalt durch die

kirchliche Autorität hindernd in den Weg treten möchte. Und um eine solche Maßregel zu begründen, beruft sie sich sogar auf Art. 8 des im Jahre 1828 zwischen dem hl. Stuhle und den Diöcesanregierungen geschlossenen Concordates, ohne jedoch den Text zu citiren. Allein diese Texte sind klar, bündig, unzweideutig, und es schließt sich der wesentliche Inhalt der Bulle wie des Bisthumsconcordates über das Seminar in die zwei einfache Sätze zusammen: „zu Solothurn soll ein Seminar zur Ausbildung der Priesteramtscandidaten, unter der Leitung der kirchlichen Autorität bestehen"; und — „die Regierungen der Diöcesanstände sind für dessen materielle Grundlage und Bedürfnisse behaftet".

Wenn nun gleich die Bisthumsstände die Erfüllung dessen, was sie ihrerseits schulden, verweigern, wie sie laut Beschluß der Diöcesanconferenz und mehrerer cantonaler Großen Räthe zu thun vorhabens sind, so liegt darin kein Grund, daß der Bischof auch an der Erfüllung seiner Pflicht gehindert sein soll. Eine derartige Zumuthung, ich wage es noch zu hoffen, wird in unserm freien Vaterlande keine einzige Regierungsbehörde stellen wollen; sie hätte auch nicht im mindesten gesetzlichen Boden. Ja, es wäre etwas Unerhörtes, daß ein Bisthum von mehr als vierhunderttausend Katholiken, nicht einmal eine Anstalt besäße, um die künftigen Seelsorger zu bilden und auf deren heiliges Amt vorzubereiten: noch mehr, daß der Oberhirte dieses Bisthums, ungeachtet des Verlangens seines Klerus und seiner Gläubigen, selbst nicht einmal die Freiheit beanspruchen dürfte, bei verweigerter Mitwirkung der Regierungen eine so nothwendige Anstalt aus eigenen Hülfsquellen zu errichten. Wenn dem so wäre, dann befände sich allerdings das Bisthum Basel in einer Lage, die traurige Aussichten für Religion und kirchliches Leben böte. Doch wir wollen noch das Bessere hoffen.

„Immerhin aber einerseits meinem Pflichtgefühl in Ansehung all' der schweren Obliegenheiten meines Oberhirtenamtes, anderseits dem Verlangen der Geistlichkeit und der gläubigen Katholiken meines Bisthums Folge gebend, habe ich unter einmüthiger Zustimmung des Domcapitels den Entschluß gefaßt, in einem Particularhause zu Solothurn die Weihcandidaten für den nöthigen Vorbereitungscurs zu vereinigen und ihnen daselbst zum geistlichen Leben wie zur geistlichen Amtsverwaltung, selbst oder durch Andere die geeignete Anleitung zu geben.

„Da über die Wahl derer, welchen ich in meinem Bisthume das Heil der Seelen anvertraue, mich eine strenge Rechenschaft vor dem göttlichen Richterstuhle erwartet, so kann keine menschliche Rücksicht mich bestimmen, irgend einem die Hände aufzulegen, der nicht zu diesem erhabenen und schwierigen Beruf nach den Vorschriften der katholischen Kirche vorbereitet worden ist. Die Interessen der Kirche sind jedoch in meinen Augen keineswegs von denen des Vaterlandes getrennt, und es ist mein stetes Bestreben, in meiner geistlichen Diöcesanverwaltung beiden zugleich gerecht zu sein. Mein lebhaftes Verlangen ist demnach, solche Priester zu erziehen, die nach aller Beziehung würdig, und wie der Kirche, so auch dem Vaterlande treu ergeben seien. Würde Jemand andere Absichten mir zuschreiben, so würde er mir arges Unrecht anthun. Nur weil in der einen wie in der andern Beziehung der Schwere seiner Pflicht bewußt, unterzieht sich der Bischof von Basel der drückenden Last, von sich aus, wenigstens bis die Lage zum Bessern sich wendet, für die Heranbildung unserer Priesteramtscandidaten zu beidseitigem Nutzen besorgt zu sein. Hiemit stoßen wir denn aber auch keineswegs die Beihülfe der Bisthumsstände zurück, vielmehr verlangen wir stetsfort von dieser Seite die Erfüllung der concordatsgemäßen Leistungen." -

Die Diöcesanstände versammelten sich im October des gleichen Jahres wieder und theilten dem Bischof mit Zuschrift vom 27. October 1870 mit, daß sie in der Seminarfrage auf ihrem Standpuncte beharren[1]).

So sah sich der hochwst. Oberhirte verpflichtet unterm 19. November 1870 denselben nochmals in einem einläßlichen Memorial die Seminarverhältnisse u. A. folgendermaßen auseinander zu setzen[2]).

---

[1]) In dieser Zuschrift verheimlichten die Stände aber, daß sie in der gleichen Sitzung eine Commission niedergesetzt hatten: „um zu prüfen und be„gutachten, wie die staatlichen Rechte und Interessen der Diöcesanstände gegen„über der kirchlichen Behörden inskünftig auf dem Wege gemeinsamens Vor„gehens kräftig und erfolgreich gewahrt werden können, wobei namentlich die Frage geprüft werden soll über

„a) die Revision des Grundvertrags bezüglich des Bisthums von 1828,

„b) die Anregung eines schweizerischen Erzbisthums bei der nächsten Bun„desrevision,

„c) die Errichtung einer katholisch-theologischen Facultät in Verbindung „mit einer eidgenössischen Universität 2c."

[2]) Da in den nachfolgenden Gewaltmaßregeln gegen den Bischof der Seminarconflict eine Hauptstelle einnimmt, so müssen wir hier dieses Memorial wenigstens in seinen Hauptpuncten wörtlich mittheilen.

„Nach gethaner Berufung auf das Bisthumsconcordat vom 26. März 1828, und den sogenannten Grundvertrag vom 28. und 29. März gl. Jahres, dann auf die päpstlichen Bullen vom 7. Mai 1828 und 23. März 1830, ferner nach Anführung der Genehmigungs=beschlüsse vom 12. Juli 1828, 6. October 1829 und 29. Mai 1830 und endlich der kantonalen Verfassungen in Beziehung auf das öffent=liche Unterrichtswesen und der im Bisthum Basel bisher beobachteten Praxis, erheben Sie gegen mich die Anklage auf verübten Ein=bruch in all' diese urkundlichen Verträge und Decrete, und halten sich befugt, Ihre entschiedenste Rechtsverwahrung gegen meine Absichten einzulegen, mit der Eröffnung, daß die Diöcesanstände ein gegen die Verträge eingerichtetes Diöcesanseminar, in welcher Form es sei, in keiner Weise anerkennen, und mit der schließlichen Erklärung, den bischöflichen Bestrebungen gegenüber, mit Beziehung auf das Bis=thumsconcordat nach Convenienz zu handeln.

„Ich kann Ihnen, hochgeehrteste Herren, nicht verhehlen, daß die Lesung Ihrer Zuschrift auf mich einen sehr bemühenden Eindruck ge=macht. Wie hat denn der Bischof von Basel diese Vorwürfe verdient, mit denen man ihn niederzudrücken sucht? Was ich beabsichtigte, war, dem Bisthum behufs des Unterrichts und der Vorbereitung der künf=tigen Seelsorger, da ein Seminar nunmehr mangelt, eine Ersatzanstalt darzubieten, auf daß sie nicht ohne die nöthige Befähigung in ihre er=habene und wichtige Sendung eintreten müßten. Und auf solches hin, hochg. Herren! beschuldigt man nun mich noch), als ob meine Hirten=treue und mein opferwilliges Pflichtbestreben mit einem und selbem Schlage in die Staatsverordnungen und die Kantonsverfassungen, in die Gesetze, die Verträge und Abkommnisse, in die Uebung und in alles Recht und in alle Gerechtigkeit überhaupt Einbruch gethan hätten!

„Ich hoffe, es wird wenig Mühe kosten, eine derartige Anklage zu entkräften; allein da die im Namen der Diöcesanconferenz verfaßte Zuschrift, immerhin ohne Textcitation, allerhand Arten von Acten und Urkunden anruft, versetzt sie mich in die Nothwendigkeit, allseitig in's Einzelne einzugehen. Werde ich also in meiner Antwort länger, als es mir selbst lieb ist, so mag jener Umstand mir zur Rechtfertigung dienen.

1) „Sie scheinen einen Beschwerdepunct daraus machen zu wollen, daß ich nach der Aufhebung des Priesterseminars mich nicht „sofort" mit der Diöcesanconferenz über die Einrichtung einer neuen Anstalt in's Einvernehmen gesetzt. Hiegegen erlaube ich mir daran zu erinnern, wie

die Dinge nach einander geschehen sind. Den 2. April 1870 sprach die Diöcesanconferenz, allein und von sich aus, die Unterdrückung des Seminars aus, ohne jede Einvernahme der kirchlichen Autorität oder Verhandlung mit ihr. Darauf kamen die Großen Räthe der verschiedenen Kantone an die Reihe, allwo nun in einem Kanton nach dem andern schleppenden Ganges die Seminaraufhebung ratificirt ward, wiederum ohne alle Handbietung, ja in mehrern Kantonen mit Beschluß auf Ablehnung neuer Unterhandlung zwischen den beiderseitigen Behörden behufs Wiederaufrichtung der Anstalt. Während dieser Zeit occupirt die vorörtliche Regierung das Seminargebäude für andere Zwecke, und bald hernach verkauft sie das sämmtliche Inventar. Jetzt erst, nach Verfluß von beinahe fünf Monaten seit dem 2. April, geschieht an den Bischof unterm 28. August durch Zuschrift des Vororts die amtliche und definitive Anzeige von der vollendeten und unwiderruflichen Thatsache. Dies also der Verlauf der Angelegenheit. Wie konnte ich daher sofort nach der Seminaraufhebung, ehe noch eine gültige Schlußnahme bestand, und eine amtliche Anzeige davon an mich gelangte, in Sachen mit der Diöcesanconferenz verhandeln? Uebrigens hatte ich durch den bischöflichen Senat, welcher unterm 7. Mai l. J. an Sie schrieb, den sämmtlichen hohen Ständen schon einigermaßen meine An- und Absichten mitgetheilt. Und sobald mir dann die förmliche Anzeige des Entscheides der Kantone zukam, also nach Empfang Ihrer Mittheilungen vom 10. August, beeilte ich mich, ohne allen unnöthigen Verschub, wie Sie fälschlich mir vorwerfen, Hochihnen zu eröffnen, daß ich die Weihecandidaten zu ihrer Vorbereitung in einem hiesigen Privathause vereinigen werde. Konnte ich mehr thun?

Doch ich will nun zu den Actenstücken zurückkehren, die man wider mich angerufen, und sie nun in derselben Folge, wie sie in der Diöcesanconferenz-Zuschrift aufgeführt werden, näher prüfen.

2. „An erster Stelle steht das Bisthumsconcordat vom 27. März 1828. Warum führt man aber den Text dieses wichtigsten Documentes nicht an? Ich erlaube mir nochmals auf dessen Wortlaut zurückzukommen[1]); dieser besagt also in Art. 8: „Zu Solothurn, dem „Sitze des Bischofs und des Domcapitels, wird ein Seminar errichtet, „wofür die Regierungen die Stiftungsfonds und die Gebäulichkeiten „liefern werden . . . . Vereint mit 4 Domherrn 2c. leitet und ver-

---

[1]) Schon die bischöfliche Zuschrift vom 29. Sept. besprach den Text des Concordates.

„waltet der Bischof des Seminar". Was ergibt sich nun aus diesem Wortlaut? Für den Bischof das Recht und die Pflicht, ein gemeinsames Seminar in Solothurn zu errichten, wie auch es zu leiten und zu verwalten; für die hohen Regierungen die Obliegenheit, die Gebäulichkeiten und die Stiftungsfonds darzureichen. Das ist Alles, was das Concordat vorschreibt.

„Allein, sagt man, bei dieser Sinnesauslegung kömmt ja gar kein Vortheil den Regierungen zu; sie haben nur eine schwere Last. Freilich, hochg. Herren! ist's so; aber der Antheil und die Last der Regierungen sind eben nichts anderes, als die Bedingungen, welche sie selbst aus freien Stücken, im Vollbesitze ihrer Souveränität durch den Vertrag eingegangen sind. Sie haben das Bisthumsconcordat angestrebt, verlangt; dann haben sie es geprüft, genehmigt und feierlich ratificirt mittelst gesetzlichem Erlaß. Zudem, wie alle Regierungen überhaupt, verwalten sie die öffentlichen Fonds, beziehen die Abgaben auch für die Katholiken; wenn man überdies in's Auge faßt, wie viel kirchliches Gut in ihren Händen liegt, so wird man den Antheil der Auslagen für kirchliche Zwecke nicht übermäßig finden.

„Man entgegnet aber des Fernern: Der Bischof kann das Seminar nicht ohne Zustimmung des Staates errichten. Ich weiß, was die beiden Gewalten in ihren gegenseitigen Beziehungen einander schulden und anerkenne gern die Vortheile, welche aus dem einträchtigen Zusammengehen der Kirche und des Staates erwachsen. Allein ich kann lang alle gültigen Verträge durchgehen: von einer Beschränkung, wie man sie oben ausspricht, findet sich denn nirgends auch nur eine Spur. Ich gebe Ihnen die ganze Sammlung der Bisthumsurkunden in die Hand, und darf behaupten, daß keine einzige Bestimmung darin vorzuweisen, die mit welchen Worten immer den Sinn böte: „die Autorisirung durch die Staatsbehörde ist ein Erforderniß zur Errichtung des Bisthumsseminars in der bischöflichen Residenz". Ja, ich frage: ob dies auch nur einen Sinn hätte? Sobald ja den Regierungen die Pflicht von Leistungen an das Seminar überbunden ist, kann es gewiß nicht mehr in deren Competenz liegen, dessen Gründung zu verhindern!

„Doch bedarf es auch nur so vieler Argumente? Legen wir einfach den Sachverhalt dar! Wir haben vor uns einen Vertrag zwischen zwei Parteien; die eine bricht ihn und behauptet nun, daß die andere ihn nicht ausführen dürfe ohne deren erstere Einwilligung. Von sich aus allein wirft mir Einer das Haus um, woran ich ein Recht habe, und da muthet er mir zu, es nicht einzig von mir aus wieder auf=

richten zu dürfen. Man hat mir die vertragsmäßige Mitwirkung entzogen und droht mir erst noch: „Ohne meine Mithülfe darfst du izt rein nichts thun!"

3) „Nach dem Bisthumsconcordat ist der sogenannte Grundvertrag vom 28., mit Zusatzartikel vom 29. März 1828 aufgeführt. Allein dieses, offenbar gegen alles Recht geschlossene Abkommniß, dem man den Namen „Grundvertrag" gegeben, hat gerade so viel Anspruch auf Beachtung, als es diese verdient — durch Conformität mit dem Concordat. Die Ständedeputirten hatten anno 1828 soeben mit dem Stellvertreter des. hl. Stuhles einen feierlichen, öffentlichen Vertrag geschlossen; zwei Tage später verabreden die gleichen Staatsbeamten unter sich eine bezügliche Uebereinkunft, theilweise im Sinne willkührlicher Abänderung und Entstellung. In geheimer Zusammenkunft, abgeschlossen und ohne Beisein des andern Vertragstheiles, entwerfen sie mit verstohlenem Thun ein Gewebe maßgebender Bestimmungen, worin Personen und Sachen, der Bischof, das Domcapitel, der Senat, das Generalvicariat, der Cult, die Präbanden, die Stiftungen, das Placetum regium, die Freiheiten, die Privilegien und landeshoheitlichen Rechte der Regierung aufgeführt werden. Allein worauf beruht denn dieser im Dunkel vollzogene Bau, diese fein gesponnene Maßregelung? Auf rein Nichts. Thatsächlich hatten diese gewandten Abgeordneten von ihren hohen Committenten wohl nur den Auftrag empfangen, das Bisthumsconcordat zu unterzeichnen, nicht aber eine abweichende Uebereinkunft insgesammt zu schließen. Ueberdies hat ihr Project (denn Anderes als ein Project konnten sie nicht abmachen) keine bindende und legale Kraft durch die gesetzgebende Autorität erhalten, wenigstens was die Mehrheit der Kantone betrifft. Auch hat die kirchliche Autorität diese Verabredung nie anerkannt, gegentheils sie stets verworfen. Um nur Eine Thatsache anzuführen, so hat Bischof Arnold sel. jeder Erwähnung dieses „Grundvertrages" in der Seminarconvention sich entschieden widersetzt, und die Stände strichen sie auch wirklich. Es gilt sohin, daß dieser oft genannte Grundvertag nichtig ist in seinem Ursprung, weil ihm die Bevollmächtigung abging; nichtig in seinem Aussehen, da ihm (für die Diöcese) die legale Sanction mangelt; nichtig auch in seiner Wirksamkeit, denn dessen Prätentationen finden nirgends mehr Boden. Allein, selbst wenn all' das nicht in Anschlag käme, was bringt denn dieser Winkelvertrag in der Hauptfrage vor? Abgesehen von jenen angemaßten Einmischungsbefugnissen in das Seminar, die doch jedenfalls seinen Bestand voraussetzen, besagt er ganz das

Gleiche, was das Concordat. So heißt es Art. 28: „An dem Ort des bischöflichen Sitzes wird auf gemeinschaftliche Kosten der Stände ein Seminar errichtet", und Art. 29 bestimmt näher: „die Regierung von Solothurn räumt für das Seminarium das erforderliche Gebäude ein." Also selbst diejenigen Documente, welche die Schlauheit und Intrigue schuf, müssen unserm Rechte Zeugniß geben. So klar tönt dessen Stimme vor jedem Gewissen!"

4) „Die päpstliche Bulle vom 7. Mai 1828, wie jene vom 17. März 1830, erläutern das Concordat und bestimmen seine Ausdehnung. Die erstere sagt in Hinsicht unserer Frage, nachdem sie zuvor die Rechte des Domcapitels, die Einsetzung des Senates, die Wahl des Bischofs und andere Punkte behandelt hat, Folgendes: „Der Bischof von Basel soll in der Stadt Solothurn ein geistliches Seminar errichten, worin die jungen Cleriker erzogen und unterrichtet werden können und die Kantonregierungen sollen sowohl in Hinsicht der Gebäulichkeiten, als des freien Einkommens das Nöthige leisten. . . . . Dem Bischof steht über solche Priesterhäuser die Leitung und Verwaltung zu". Man beachte, daß es auch hier bezüglich der Regierungen nur heißt: sie sollen an das Seminar die genannten Leistungen entrichten, nicht aber, sie sei es zu verhindern befugt. Die andere Bulle vom Jahre 1830, deren Zweck die Ausdehnung des Bisthumsconcordats auf die Kantone Aargau und Thurgau ist, berührt mit keinem Worte das Seminar".

5) „Wir langen bei den Genehmigungsdecreten vom 12. Juli 1828, 6. October 1829 und 29. Mai 1830 an: mittelst ihrer erklärten die Kantone die Annahme der Bullen und des Concordats; und zwar Luzern, Bern, Solothurn und Zug durch den erst erwähnten Abt, der Kanton Basel durch den zweiten, Aargau und Thurgau durch den dritten. Man lese jedoch diese Urkunden von Anfang bis Ende, selbst Zeile für Zeile; auch bei genauester Prüfung wird man in Bezug auf das Seminar kein Wort, keine Andeutung finden".

6) „Man citirt die politischen Verfassungen wider uns und wir berufen uns auf sie zu unserer Vertheidigung. Alle diese Gesetzgebungen, nicht nur die kantonalen, sondern auch die Bundesverfassung gewähren ja die katholische Religion. Nun gut, eben diese katholische Religion bedarf, gleichwie sie durch das Apostolat bei uns eingeführt worden, so des Priesterthums, um sich in unserm Volke zu bewahren; das Priesterthum aber hat seine Saat- und Bildungsschulen in den geistlichen Seminarien. Alle die frei eingegangenen Verträge sichern auch dem

Bischof das Recht zur Errichtung eines Bisthumsseminars zu; folglich, da Recht wider Recht nie streitet vielmehr eines das andere schützt, sind die Verfassungen keineswegs der bischöflichen Befugniß zur Errichtung des Seminars entgegen, sondern stützen dieselben vielmehr durch ihr Ansehen. Vergeblich auch würde man sich hiegegen auf die in Hinsicht des öffentlichen Unterrichtes waltenden Gesetzesvorschriften berufen. Diese beziehen sich auf die weltlichen Schulen, deren Zweck die eigentliche humane Bildung ist; die Seminarien aber sind Specialanstalten zum Unterricht in der göttlichen Wissenschaft und zur Heranbildung von Dienern des Heiligthums. Es geht nicht an, diese beiden Gattungen von Bildungsinstituten zusammen zu werfen und auch letztere unter den Einfluß der weltlichen Gewalt zu stellen; ansonst dieser die Glaubensüberzeugung und die Gewissen zu Füßen gelegt wären und ihr das Recht eingeräumt würde, in Dogmatik und Moral ebenso gut maßgebend aufzutreten, als es in Bezug auf weltliche Fachwissenschaften geschehen mag, den göttlichen Glauben gleich dem menschlichen Meinen zu ordnen und folglich der Religion nach Gutfinden und Belieben dieses oder jenes Gepräge zu geben; wechselnd von Abend auf den Morgen. Sollten solches die politischen Verfassungen wollen? Sollten alle Secten protestantischen Bekenntnisses, die Männer jeder beliebigen Religionsansicht, selbst Atheisten, frei sein in Gründung von Anstalten, allwo sie ihre socialen oder religiösen Systeme geltend machen, und nur die Katholiken, die völlig Eines sind in allen denjenigen Lehren, welche die Stütze aller sittlichen und gesellschaftlichen Ordnung von jeher waren, nur sie, die nahezu die Hälfte unsers Vaterlandes ausmachen, sollten auf die Gründung auch der bescheidensten Bildungsanstalt nicht das Recht haben, nicht einmal das Recht, etliche junge Leute in einem Privathause vereinigen zu dürfen, um deren religiöse Ausbildung und ihre Unterweisung in den Verrichtungen des göttlichen Dienstes nach Erforderniß zu besorgen! Und unsere republicanischen Staatseinrichtungen sollten einer solch' auffallenden Ungleichheit vor dem Gesetze gar noch zum Vorwande dienen! Auf der einen Seite gäbe es so ein Vorrecht und volle Selbstständigkeit; auf der unsrigen nur Rechtslosigkeit und Knechtschaft! Wahrlich, in diesem Falle verdienten die Verfassungen selbst ihren Namen nicht mehr! Man wagt es, mitten in Zuständen, deren democratische und freisinnige Färbung man rühmt, in Bezug auf einen Vorbereitungsconvict von Ordinanden, von Ueberwachung und landeshoheitlichen Rechten zu sprechen! Was die Ueberwachung betrifft, so hat kein Katholik sie zu befürchten, wird keiner auch dagegen sich wehren; dagegen verlangt man doch billig, daß der Staat nur Handlungen überwache und nicht Gedanken und Gesinnung; daß man gegen Vergehen einschreite und nicht gegen religiöse Ueberzeugungen; daß diese Ueberwachung keine andere sei, als wie sie für Alle besteht; daß nicht eine specielle Aufsicht für wenige eigens creirt und nach Willkühr ausgeübt werde, sondern das allgemeine Gesetz maßgebend sei; daß sie Sache der gerichtlichen Behörden sei, denen das Strafrecht zu Gebote steht, nicht aber der Executivbehörden, deren Sphäre rein administrativ ist und auf die öffentlichen Staatsgeschäfte sich bezieht".

7) „Nicht ohne wahre Befriedigung sehe ich Sie endlich an das, was Sie die im Bisthume herrschende Praxis nennen, appelliren. Es ist allerdings richtig, meine beiden Vorgänger sel. Angedenkens wandten sich, um auf fester und dauerhafter Basis ein Seminar zu gründen, an die hohen Regierungen', offenbar in der Absicht, von denselben, wie es die Verträge zusichern, die Erfüllung der stipulirten Leistungen, d. h. die Dargabe der Gebäulichkeiten für das Seminar und der nöthigen Stiftungsfonde zu erhalten. Unter Verzicht auf diese Leistungen wäre allerdings der jetzige Bischof befugt gewesen, allein vorwärts zu gehen; es besteht durchaus keine Verpflichtung irgend eines Vertrages, diese Mitwirkung zu begehren, die ohnehin angesichts gewisser Thatsachen mehr als zweifelhaft geworden; allein nichts desto minder hat doch auch Er, der jetzige Bischof dieses Verlangen wieder gestellt durch die Erklärung vom 28. August, daß er Ihre Mithülfe nicht zurückweise".

„Man weiß ferner, daß die früheren Verhandlungen, die das Seminar zum Zielpunkte hatten, auf lange Jahre erfolglos sich hinauszogen. So lange nun keine eigene Anstalt bestand, riefen meine verehrten Vorgänger die künftigen Arbeiter im Weinberge des Herrn hierher nach Solothurn, um sie da für ihre heilige Aufgabe vorzubereiten; sie wiesen ihnen in der Stadt, wie sie konnten, Kosthäuser an und unterrichteten sie theils selbst, theils ließen sie ihnen durch irgend einen Geistlichen Unterricht geben und zwar auf eine Zeitdauer, wie es eine so gestaltete Lage der Dinge erlaubte. Allein dies war dennoch mit so zahlreichen und ernsten Mißständen verbunden, daß der sel. Bischof Arnold nicht mehr so fortfahren zu können erklärte und ohne alle Einholung staatlicher Genehmigung die Ordinanden einfach anwies, ein volles Seminarjahr in von ihm anzuweisenden Anstalten, selbst des Auslandes durchzumachen. Das ist das Beispiel meiner Vorgänger.

Entferne ich mich etwa hievon? Einzig, statt die Zöglinge mitten im Stadtgetümmel und zerstreut zu logiren, werde ich sie in einem Particularhause beisammen halten; auch kann ich mich nicht mit einem übereilten Curs von etlichen Unterrichtsstunden begnügen, sondern werde sie stufenweise und wie es dem Zwecke angemessen ist, in allem nöthigen Wissen und Functioniren ausbilden. In der Sache folge ich also ganz den Fußstapfen meiner Vorgänger; wer wollte mich also auf der Bahn hindern, die jenen frei stand? Ich trachte, in mehreren Beziehungen noch besser, als sie es damals konnten, die Aufgabe zu lösen — und gerade hieraus wollte man mir ein Verbrechen machen? Weit entfernt, sohin gesetzwidrig zu handeln, Alles zu durchbrechen und umzustürzen, handle ich vielmehr, so bezeugt es mir mein Gewissen, zum Wohle der Diöcese. Meine Handlungsweise scheint auch nicht überall mißverstanden zu sein; bereits hat eine hohe Regierung sich dahin erklärt, mein Vorgehen nicht hindern zu wollen; eine andere sichert mir selbst ihr Mithalten und ihre Beihülfe zu; ich wage, im Grunde meiner Seele zu hoffen, daß gar keine Regierung sich finden werde, die mich der.... Freiheit beraube. Denn gewiß nicht ohne die wichtigsten Beweggründe, man darf es mir glauben, habe ich die mühevolle, sorgen- und opferreiche Aufgabe übernommen, an deren Lösung ich nun arbeite. Die Würde des Priesterthums, die Heiligkeit des seelsorgerlichen Amtes, die kirchlichen Gesetze, die Diöcesanverordnungen, der Ruf der Geistlichkeit und die Wünsche der Katholiken, Alles legt mir die Pflicht an's Herz, in genüglicher Weise für die Heranbildung der künftigen Diener des Heiligthums besorgt zu sein. Es gibt so viele Lücken im Priesterstande auszufüllen, so vielen Bedürfnissen Rechnung zu tragen, und wahrlich die Zeit — drängt. Ja, es war durchaus nothwendig vor Beginn des Decembers den Vorbereitungscurs eröffnen zu können".

8) „Ich beehre mich, es Ihnen jedoch, hochg. Herren, zu wiederholen; ich weise keineswegs Ihre Mithülfe zurück. Ganz im Gegentheil; es würde mir zu hoher Befriedigung gereichen, Ihre Ansichten zu vernehmen, weise Rathschläge entgegen zu nehmen und innerhalb der Schranken der bürgerlichen und kirchlichen Verfassung eine Verständigung zu erzielen. Ich hege soviel Vertrauen auf Ihren Gerechtigkeitssinn und Ihre Hochschätzung der Freiheit, daß ich mich gern bereit erkläre über die Errichtung eines Seminars mit Ihnen in Unterhandlung zu treten, immerhin auf der Grundlage der legitimen Verträge und unter Vorbehalt der bereits gegebenen Garantien der Stände. Immerhin, ich sage es nochmals, würde ich mich glücklich schätzen, ein den

allseitigen Wünschen entsprechendes, für Land und Volk segensreiches, festes und dauerhaftes Seminar, wie es auch die Bisthumsurkunden fordern, gründen zu können. Jedoch in Erwartung eines solchen erst angestrebten Resultates kann ich nicht umhin, doch so viel von mir aus zu thun, daß ich in die Diöcese Priester aussenden kann".

Unterm 9. und 10. Christmonat 1870 berieth sich die Diöcesanconferenz nochmals mit dem Priesterseminar und erließ an den hochwst. Bischof folgende Zuschrift:

„Wir haben von Ihrer Rückäußerung vom 19. November abhin auf unser Schreiben vom 27. October, betreffend Errichtung eines neuen Priesterseminars, Kenntniß genommen, worin Sie uns erklären, es würde Ihnen zu hoher Befriedigung gereichen, unsere Ansichten zu vernehmen und innerhalb der Schranken der bürgerlichen und kirchlichen Verfassung eine Verständigung zu erzielen und worin Sie sich gerne bereit erklären, über die Errichtung eines Seminars mit uns in Unterhandlung zu treten.

„Wir haben die Ehre, Ihnen hierauf Folgendes zu erwidern. Vorerst müssen wir verlangen, daß uns mitgetheilt werde, auf welchen Grundlagen die gegenwärtig von Ihnen provisorisch an die Hand genommene Vorbereitung der Alumnen der Diöcese Basel beruht. Wir müssen dies um so mehr verlangen, da der Vertrag vom 25. März 1828 uns hiezu das Recht zuspricht, und die in Ihrem Schreiben vom 19. November abhin ausgesprochenen Ansichten und ertheilten Aufschlüsse uns nicht befriedigen können und nicht entsprechend erscheinen. Im Weitern bringen wir Ihnen zur Kenntniß, daß gegenwärtig verschiedene andere kirchliche=politische Fragen hängend sind, die in Verbindung mit der Seminarfrage behandelt werden müssen und daß wir demnach dermalen nicht im Falle sind, auf eine Schlußnahme über Errichtung eines Priesterseminars einzutreten.

„Ueber die übrigen in Ihrem Schreiben enthaltenen Grundsätze und Ansichten finden wir uns zu einer Rückäußerung nicht veranlaßt, weil sie sich mehr auf theoretische Erörterungen bezüglich der Stellung zwischen Kirche und Staat als auf practische Fragen beziehen".

Hiermit war vorläufig der amtliche Actenwechsel zwischen Bischof und Regierungen bezüglich des Seminars geschlossen. Der Bischof sandte die Zöglinge des französischen Theils seiner Diöcese in das Priesterseminar nach Freiburg, für die Zöglinge des deutschen Theils errichtete er in einem Privathause zu Solothurn ein Convict, und so blieb die Priesterbildung im

Bisthum Basel durch die Vorsorge des Bischofs ohne Unterbrechung. Die Regierungen aber sannen unterdessen auf „**andere kirchliche-politische Fragen**", die für uns später zu Tage treten werden[1]).

VIII. Die Leidenszeit, Entsetzung und Ausweisung.

Hatte Eugenius, wie wir gesehen, einen vieljährigen Kampf mit den Regierungen bald auf diesem, bald auf jenem Gebiet zur Wahrung seiner bischöflichen Rechte zu führen, so war es die **Regierung von Aargau**, welche den Krieg im Jahre 1871 auf einen neuen Boden verpflanzte, indem sie ihren Angriff nicht mehr nur gegen den **Bischof**, sondern gegen das **Bisthum** selbst richtete.

Unterm 8. Mai 1871 trat der Regierungsrath von Aargau mit offenem Visir auf und stellte im Schooße des Großen Rathes den Antrag:

1) „Der Regierungsrath sei zu ermächtigen, dem h. Diöcesanvorort Solothurn für sich und zu Handen sowohl der übrigen Diöcesanstände als des Bischofs von Basel den **Austritt des Kantons Aargau von Staatswegen aus dem gegenwärtigen Diöcesanverbande des Bisthums Basel** zu erklären, mit dem Beifügen, daß der Kanton vom Tage seiner Austrittserklärung an alle weitern Verbindlichkeiten gegen die Diöcesananstalt als erloschen betrachte".

2) „Der Regierungsrath sei zu beauftragen, auch die drei Herren Domcapitulare des Kantons von dieser Schlußnahme sofort in Kenntniß zu setzen, mit der weitern Eröffnung, daß sie in Folge dessen von Seite des Staates ihrer Stellung und der damit verbundenen Präbenden enthoben seien".

3) „Der Regierungsrath sei eingeladen, mit aller Beförderung über die künftige Ordnung der kirchlichen Verhältnisse des Kantons im ganzen Umfange dem Großen Rath Bericht und Anträge zu hinterbringen".

---

[1]) Ueber diese und verwandte Vorgänge der Diöcesanconferenz des Bisthums Basel geben die Berichte der vom Kanton Zug an diese Conferenz abgeordneten Regierungsräthe Bossard und Dossenbach interessante Aufschlüsse.

Noch im gleichen Monat richtete der Bischof eine Zuschrift an den Großen Rath, in welcher er dringend von einem solchen einseitigen Schritte abmahnte, und dahin schloß:

„Nachdem ich an der Hand der Kantonsverfassung wie der Bisthumsverträge selbst, um deren Zerreißung es sich handelt, die Unthunlichkeit jeder rechtlichen Beschlußnahme, die auf einseitige Abtrennung vom Bisthum Basel lauten würde, wenigstens ohne Zustimmung des Apostolischen Stuhles als des andern Vertragtheiles, überzeugend nachgewiesen, dürfte es kaum mehr nöthig sein, auch noch auf den **Mangel jedes stichhaltigen Beweggrundes** hiefür hinzuweisen. Dieser Mangel erhellt aber am deutlichsten aus den **Angaben der amtlichen Rechenschaftsberichte** der hohen Regierung selbst an Ihre Titl. Behörde, von dem ich mir nur aus dreien der jüngsten Jahrgänge folgende Citationen erlaube:

„Anno 1867: „Es gereicht uns zum Vergnügen, auch dieses Jahr wieder melden zu können, daß die Beziehungen zum bischöflichen Ordinariate immer freundlich geblieben sind".

„Anno 1868: „Wie schon seit mehreren Jahren können wir auch für das Berichtjahr uns mit vollkommener Befriedigung über unsere Beziehungen zu dem bischöflichen Ordinariate aussprechen. Dasselbe hat sein Möglichstes gethan, um in der Angelegenheit der Verminderung der Feiertage vom päpstlichen Stuhle einen Entscheid zu erhalten, welcher den Begehren des Staates möglichst entsprechen sollte".

„Anno 1869: „Unsere Beziehungen zum bischöflichen Ordinariate waren im Berichtjahr, wie schon seit längerer Zeit, im Allgemeinen befriedigend".

„Und nun, weil im Jahre 1870 der Bischof von Basel gegenüber dem, im mildesten Lichte aufgefaßt, einseitigen und überstürzten **Seminaraufhebungsbeschlusse** pflichtgemäß protestiren und seine oberhirtlichen Rechte wahren mußte, und weil er, um doch Priester weihen zu können, was ohne erforderliche Vorbereitung nicht angeht, auf seine Kosten eine provisorische Anstalt einrichtete, dabei immer noch Handbietung erklärend zu Allem, was billig, — sollte gerade dies mein Benehmen, welches die Treue gegen meine Amtsstellung zugleich mit dem weitesten Entgegenkommen verband, als vollgewichtiger Grund gelten, eine Bevölkerung von nahezu 100,000 Katholiken aus aller kirchlichen Ordnung hinauszuwerfen und in die bedauerlichste Lage zu stürzen, wie solche nirgends in der Christenheit besteht! Solcher Gesinnung mögen doch wohl nur etliche Wenige sein, dem titl. Großen Rathe selbst traue ich entschieden mehr Einsicht und Billigkeit zu.

„Sei aber der Ausgang des einmal gestellten Antrages wie er wolle, als Bischof von Basel werde und muß ich mich an das halten, was mir von der Kirche als Pflicht vorgeschrieben ist; für mich ist der Bisthumsvertrag und der in der Circumscriptionsbulle ausgesprochene Wille und Entscheid des apostolischen Stuhles vor Allem maßgebend, und ich werde unentwegt fortfahren, mich als Oberhirten auch der aarganischen Katholiken zu erachten, solange nicht die kirchliche Autorität mich der daherigen Obliegenheiten entheben sollte. Mögen bei solcher Stellung dann auch noch so viele Hemmnisse meine oberhirtliche Wirksamkeit erschweren, mögen mir alle zeitlichen Hülfsquellen in unzurechtfertigender Weise abgeschnitten werden, ich werde in dem Bewußtsein meiner Pflicht und in der treuen Liebe zu jenem Theil der Heerde, den man mir entreißen will, immerhin Kraft und Muth genug schöpfen, um meiner Pflicht zu genügen und der Herr wird für das Weitere sorgen".

Der Regierungsrath beharrte auf seinem Lostrennungsantrag und empfahl denselben dem Großen Rathe neuerdings durch einen vom 16. August datirten, zweiundzwanzig Quartseiten haltenden Bericht. Auch der hochwst. Bischof wiederholte dem Großen Rath durch ein einläßliches Memorial unterm 22. September 1871 seine Beweggründe. Obschon die übergroße Mehrheit des katholischen Volkes und zwei Drittel der katholischen Großräthe sich der Vorstellung des Bischofs anreihten, faßte dennoch der Große Rath unterm 27. September folgende Schlußnahme:

1) „Der Regierungsrath hatte gerechte Veranlassung, den Antrag auf Austritt des Kantons Aargau von Staatswegen aus dem gegenwärtigen Diöcesan=Verbande des Bisthums Basel zu stellen".

2) „Der Große Rath erklärt grundsätzlich im Sinne einer Trennung von Staat und Kirche den Austritt aus dem Bisthumsverbande von Staatswegen".

3) „Der Regierungsrath wird eingeladen, die zur Vollziehung dieser grundsätzlichen Schlußnahme nothwendigen gesetzlichen Bestimmungen und Anträge im Sinne seines Berichtes vom 16. August abhin, resp. des Antrags 2 vorzulegen".

Eugenius sah sich in Folge dieser Vorgänge genöthigt,

folgende feierliche Verwahrung dem Kanton Aargau zuzustellen (d. d. 27. November 1871.)

„Ich lege Verwahrung ein:

„gegen diese Trennung zwischen Staat und Kirche, d. h. gegen dieses unbegründete Herauswerfen der Kirche aus allen berechtigten Sphären, in denen sie bis anhin vermöge ihrer eigenen Idee und Organisation, und zugleich gestützt auf die aargauische Verfassung entweder frei sich zu bewegen und zu wirken, oder doch (in etlichen Gebieten gemischter Natur) einen Antheil an Einfluß und Wirksamkeit zu üben, beanspruchen durfte";

„gegen dieses einseitige Zerschneiden eines heiligen Bandes, das, dogmatisch besiegelt und wesentlicher Bestandtheil von jeher des katholischkirchlichen Organismus, den Hirten mit seiner von Gott anvertrauten Heerde vereint; gegen den willkürlichen Abbruch eines feierlichst zwischen dem Kanton und dem hl. Stuhle geschlossenen Vertrages, als einen Act, der, weil „grundsätzlich" in Aussicht genommen und sohin beabsichtigt, in grellem Wiederspruche steht zum Artikel I. der Uebereinkunft vom 2. December 1828, allwo die Gültigkeit jenes Vertrages „auf immerwährende Zeiten" sanctionirt ist";

„gegen die unehrenhafte Entziehung der concordatsgemäßen Diöcesan-Leistungen, womit auf die kränkendste Weise und ohne geringsten Rechtsgrund sowohl der Oberhirte des Bisthums Basel schwer geschädigt, als auch andere Würdenträger der Diöcese benachtheiligt und unter ihnen, sogar im treuen, langjährigen Dienste der Kirche und des Staates ergraute Männer der allernöthigen Subsistenz beraubt würden";

„endlich gegen all' und jede Beeinträchtigung der religiösen Freiheit, des kirchlichen Rechtes, namentlich auch auf die Schule, die Ehe und die christliche Bestattung, wie auch des Beneficialwesens, im Sinne der bedauerlichen Regierungsanträge vom 16. August, — und überhaupt gegen alle und jede Consequenzen, die auf Grundlage der verwerflichen Theorie des religions=, weil confessionslosen Staates Ihres Kantons sich jetzt oder später wann immer möchten geltend machen".

„Gegenüber all' diesen Uebeln und der katholischen Kirche und Religion zugedachten, „grundsätzlich" intendirten Unbilden und Rechtsverletzungen, und nebst dem speciell noch gegenüber der laut neuesten Regierungsverfügungen angehobenen Verfolgung der katholischen Geistlichkeit, um keines andern Grundes willen, als der von ihr bewiesenen

Pflichttreue, erhebe ich also hiemit ein für allemal die Stimme ernstlicher Verwahrung und lauten Protestes".

"Ich reiche Ihrer hohen Versammlung, meine Herren! diese Verwahrung und diese Protestation ein

"im Namen der allgemeinen, d. h. der ganzen katholischen Kirche, von welcher der aargauische Antheil meiner Diöcese ein lebendig verbundenes Glied ist, was in der Kantonalverfassung durch die „Gewährleistung der katholischen Kirche", (für den ihr angehörenden Bevölkerungstheil) die legale Anerkenntniß fand. Eine Anerkenntniß, welche sich auch auf die dieser Kirche wesentliche, d. h. vom Gottessohne und seinen Aposteln gegebene und von jeher bestandene Organisation beziehen muß. Wenn diese darum im regierungsräthlichen Berichte vom 16. August als eine zerstörte angenommen wird, indem ja dem Großen Rathe die Aufgabe zugedacht wird, die Organisation erst wieder zu ordnen, so hat sich ein solcher Antrag schon selbst gerichtet;

"ich protestire ferner im Namen des von mir verwalteten bischöflichen Amtes und der mir anvertrauten Diöcese Basel, indem die Ihnen gestellten Anträge jenes herabwürdigen und verletzen, diese zerreißen und unterminiren;

"im Namen der Gerechtigkeit und des Vertragsrechtes, welche beide durch einen den gestellten Regierungsanträgen entsprechenden Beschluß bis in's innerste Mark verletzt würden, mit der natürlichen Consequenz, daß nach solchem Beispiel von Oben die Achtung vor dem Recht und der Vertragsheiligkeit auch in weitern Kreisen und für andere Fälle erschüttert würde;

"im Namen der eigenen aargauischen Verfassung, deren Artikel, vom titl. Großen Rathe feierlichst beschworen, nach meinem Erachten keineswegs durch einfache Großrathsbeschlüsse abgeändert und noch weniger in's Gegentheil des beschworenen Sinnes gelehrt werden können;

"im Namen der katholischen Geistlichkeit Ihres Kantons, welcher in jedem Fall die ganze Bürde ihrer Seelsorger- und Priesterpflichten verbleibt, durch die beantragten Beschlüsse aber eine Lage geschaffen würde, welche ihr fast stätig nur die Wahl zwischen Pflicht und Verfolgung stellte, daher weder ihres Berufes würdig, noch überhaupt erträglich wäre;

"im Namen des katholischen Volkes des Kantons Aargau, zur Wahrung seines Rechts auf den unverkümmerten Glauben gemäß der Lehre seiner Kirche und auf eine katholische Erziehung der Nachwelt, zur Wahrung seines berechtigten organischen Zusammenhanges mit dem Papst und den Bischöfen, und speziell mit seinem Bischofe, mit der allgemeinen katholischen Kirche und den schweizerischen Mitbrüdern gleichen Glaubens und zur Wahrung der ihm angehörenden kirchlichen Institutionen;

„im Namen der ganzen Menschheitsgeschichte, die seit Bestehen des Christenthums (ein despotisch regiertes Land ausgenommen) ein so unerhörtes Factum, wie es sich im Aargau realisiren soll, nicht kennt, und im Namen des theuren schweizerischen Vaterlandes insbesondere und seiner Geschichte, die bis anhin den religionslosen, schließlich atheistisch werdenden Staat nicht kannte noch wollte; zumal jene Zeiten unserer vaterländischen Geschichte als die glorreichsten dastehen, in welchen die katholische Kirche durch ihre erhabene Lehre und ihren segensvollen Cult die Väter leitete und die Söhne zu guten Bürgern heranbildete;

„endlich protestire ich gegen all' die besagten Anträge vom 16. August im Namen des confessionellen Friedens, in welchen, sofern die jenen Anträgen entsprechenden Zustände sich wirklich gestalten sollten, ein fortwährender und unheilbarer Riß gethan würde, um so mehr, als die angedeuteten unnatürlichen und verderblichen Zustände dem katholischen Volke nur zwangsweise, durch die überwiegende Stimmenzahl der nichtkatholischen Mitbürger, aufgebürdet wären".

Im Aargauischen Großen Rath wurde beantragt, diese Verwahrung dem Bischof als „maßlos, unanständig und unparlamentarisch" zurückzuschicken; die Mehrheit beschloß jedoch unterm 28. November 1871 hievon Umgang zu nehmen und den Regierungsrath einzuladen, die nothwendigen Kantonalgesetze vorzubereiten, um die grundsätzlich gefaßten Beschlüsse practisch durchzuführen, falls nicht überhaupt die confessionellen Verhältnisse auf dem Wege einer eingeleiteten Bundesrevision eine Lösung für die gesammte Schweiz finden sollte.

Nicht zufrieden, ihre desorganisatorischen Tendenzen auf dem Wege der Kantonalgesetzgebung in den einzelnen von ihnen beherrschten Kantonen einzuführen, suchten die Kirchengegner denselben auch in der Bundesgesetzgebung Bahn zu brechen und sie durch eine centralistische Revision der Bundesverfassung allen Kantonen aufzudringen.

Der Schweizerische Episcopat erkannte den Ernst der Lage und Bischof Eugenius, vereint mit sämmtlichen Oberhirten der katholischen Schweiz, ergriff den Anlaß dieser Bundesrevision, um folgende **Rechtspostulate** bei den Bundesbehörden geltend zu machen:

I. „Die katholische und protestantische Kirche und die freie und uneingeschränkte Ausübung des katholischen und protestantischen Glaubensbekenntnisses und Gottesdienstes sind im ganzen Umfange der Eidgenossenschaft gewährleistet.

II. „Die religiösen und kirchlichen Angelegenheiten der christlichen Confessionen werden von den zuständigen Vorstehern der Kirche nach dem ganzen Umfang ihrer kirchlichen Amtspflichten frei und unbehindert verwaltet.

III. „Diejenigen Angelegenheiten gemischter Art, welche sich auf das Ehewesen, die Schulen, die klösterlichen Institute und frommen Stiftungen beziehen, sollen, kirchlichen Rechten unbeschadet, in den paritätischen Kantonen von den politischen ausgeschieden und von den betreffenden Glaubensgenossen gesondert besorgt und verwaltet werden.

IV. „Den christlichen Confessionen wird der integrale Fortbestand ihrer confessionellen Schulen und Lehranstalten, religiösen und kirchlichen Institute jeder Art, sowie die unbehinderte Gründung und Errichtung solcher gewährleistet und darf von den politischen Kantonsbehörden gegen dieselben nichts verfügt oder unternommen werden.

V. „Die Unauflöslichkeit des Ehebandes wird für die schweizerischen Katholiken von Bundeswegen anerkannt.

VI. „In die eidgenössischen Räthe und Behörden sind alle (auch die geistlichen) Schweizerbürger wählbar, welche in bürgerlichen Rechten und Ehren stehen.

VII. Alle religiösen Genossenschaften, welche von der katholischen Kirche anerkannt und gebilligt sind, werden gleich den weltlichen Genossenschaften und Vereinen in der Schweiz geduldet und geschützt.

VIII. „Ein Bundesgesetz schützt die christlichen Kirchen und das, was zu ihrem Glauben und Gottesdienst gehört, sowie ihre Vorsteher und religiösen Institute gegen den Mißbrauch der Presse und gegen alle Präventiv-Maßregeln (Plazet) bezüglich der kirchlichen Erlasse, welche, wie alle andern Publicationen nur jenen allgemeinen

Gesetzen unterworfen werden dürfen, die zur Sicherung der gesellschaftlichen Ordnung, der Privat=Ehre und der öffentlichen Sittlichkeit aufgestellt sind".

Diese **Postulate** fanden zwar in den **Bundesbehörden** keine eingehende Berücksichtigung, aber desto mehr Theilnahme im **Volke** und nach unserer Ueberzeugung hat gerade die Nichtbeachtung dieser Postulate wesentlich dazu beigetragen daß in der am 12. Mai 1872 erfolgten Abstimmung die neue **Bundes=Verfassung** vom kath. Volke verworfen wurde

Da diese Verwerfung der Bundesrevision die Pläne bezüglich der „hängenden kirchlich=politischen Fragen" momentan durchkreuzte, so wurde jetzt ein anderer Hebel zur Durchführung derselben eingelegt. Die **altkatholische Bewegung** wurde in Vordergrund gestellt und die **Diöcesanconferenz** des Bisthums Basel bestieg wieder das Streitroß.

Das vom vaticanischen Concil ausgesprochene **Dogma** über das **unfehlbare Lehramt des römischen Papstes** wurde bekanntlich unterm 18. Juli 1870 von Papst Pius IX. in der St. Peterskirche in Gegenwart von mehr als 500 Bischöfen proclamirt und in der vorgeschriebenen Weise publicirt. Dadurch erhielt diese Constitution gemäß der allgemeinen Regel für die gesammte katholische Welt Verbindlichkeit, ohne daß eine weitere Promulgation nöthig war[1]).

Der **Bischof von Basel** hatte bezüglich dieses Dogma's keine spezielle Verordnung erlassen, sondern sich darauf beschränkt, in seinem Fastenmandat vom 6. Hornung 1871, wie bereits erwähnt, die Lehre vom unfehlbaren Lehramt der Kirche und speziell des Papstes im Allgemeinen darzulegen.

Als im Laufe der folgenden Monate in der Presse und selbst auch in Rathssäälen fortwährend irrige Ansichten über dieses Dogma verbreitet wurden, so vereinigte sich **Bischof Lachat** mit sämmtlichen schweizerischen Bischöfen, um ein Wort der Belehrung an die Katholiken der Schweiz zu richten und denselben „die Lehre von dem unfehlbaren Lehramt des römischen Papstes und ihrem wahren Sinn" darzulegen und zu erklären.

---

[1]) Erklärung des Cardinal Staatssecretärs Antonelli vom 11. Aug. 1870.

Veranlassung, Zweck und Tragweite dieser gemeinsamen **bischöflichen Schrift** bezeichneten die hochwst. Oberhirten selbst mit folgenden einleitenden Worten:

„Die außerordentlichen Zeiten, in denen wir leben, werden zur Genüge das gemeinsame Wort der Belehrung rechtfertigen, welches wir außergewöhnlich in der gegenwärtigen Ansprache an Euch Alle richten. Der heftige Kampf, welcher gegen die katholische Kirche und ihr Oberhaupt schon so lange mit aller Erbitterung geführt wird, hat an Heftigkeit noch zugenommen, seit das hl. Concil vom Vatican im verflossenen Jahre mit andern Glaubenswahrheiten auch die Lehre von dem unfehlbaren Lehramte des römischen Papstes dogmatisch bestimmt und als eine verbindliche Glaubenslehre für alle Glieder der Kirche feierlich ausgesprochen hat. Wie seit Jahr und Tagen das Ansehen dieses hl. Concils durch leidenschaftliche Berichte und böswillge Entstellungen angegriffen und herabgewürdigt worden, so ward insbesonders die Lehre von der Unfehlbarkeit der obersten Lehrautorität des Oberhauptes der Kirche irrig aufgefaßt und von vielen absichtlich mißdeutet, um sie im gehässigsten Lichte darzustellen und die Welt gegen sie aufzuregen".

„Wer ruhig den Verlauf dieser Befehdung und die treibenden Geister in derselben beobachtete, mußte alsbald die Ueberzeugung gewinnen, daß es gerade die Widersacher der katholischen Kirche sind, welche diesen willkommenen Anlaß für ihre Zwecke zu verwerthen und auszubeuten suchen, um die arglosen Gläubigen zu verwirren, den göttlich gesetzten Mittelpunkt der Kirche zu brechen, den obersten Hirten derselben zu schlagen, um die ganze Heerde zu zerstreuen. Gott, der Herr, hat diese Zeiten der Prüfung, Geliebteste, eintreten lassen, um in der Tenne seiner Kirche den leichten Spreu vom guten Waizen auszusondern, die Getreuen wie das Gold im Schmelzofen zu erproben, und zu reinigen und Euch Allen die Gelegenheit zu bieten, vor Gott, den Engeln und den Menschen zu Euerm unvergänglichen Verdienst zu beweisen, daß Ihr die katholische Religion und Kirche über alles liebet, daß Ihr im Leben und im Tode ihr mit unverbrüchlicher Treue anhanget und mit Gottes Beistand Euch weder durch List noch Gewalt jemals von ihr scheiden lasset."

„Alle Bischöfe der Kirche und der hl. Vater an ihrer Spitze geben gegenwärtig ein einstimmiges Zeugniß von der Wahrheit jener feierlich verkündeten Lehre, und an ihre Bischöfe angeschlossen, vereinigen sich alle Gläubiger des katholischen Erdkreises in dem Ausrufe: der hl. Geist hat durch die höchste Lehrautorität der Kirche gesprochen, die Frage ist entschieden und ohne allen Vorbehalt unterwerfen wir uns dem unfehlbaren Ausspruch der lehrenden Kirche!"

„Um so mehr mußten wir daher jene Versammlungen beklagen, die an einigen Orten des Bisthums Basel stattgefunden haben, worin Männer weltlichen Standes, die sich Katholiken nennen, gegen die Glaubensentscheidung des Vaticanischen Concils Proteste erhoben haben, um, wie sie vorgaben, den **altkatholischen** Glauben gegen die Neuerungen des mehrbenannten Concils in Schutz zu nehmen. Wir fragen aber, haben diese Männer die nöthige Eigenschaft und höhere Sendung, in der Kirche Gottes sich als Lehrer der Gläubigen aufzuwerfen, und haben sie ein Recht, die rechtmäßigen Lehrer der Kirche, die Bischöfe als ihre Schüler zu behandeln? **Altkatholisch** ist es fürwahr, dem katholischen Glauben aufrichtig anzuhangen und die religiösen Pflichten eines katholischen Christen gewissenhaft zu erfüllen. Thun das jene Wortführer wirklich oder thun sie das Gegentheil? — **Altkatholisch** ist es ferner, für die Ehre und Rechte der Kirche einzustehen und ihr gegen alle Verfolgung zu Schutz und Trost zu sein. Thun sie das, oder haben sie gegentheils Stellung bei den Feinden der Kirche genommen? **Uralt und katholisch** ist die Mahnung des Apostelsschülers und Martyrers Ignatius an die Gläubigen von Tralles: „Laßt uns den Bischof verehren wie Christus; eine solche Verehrung der Bischöfe haben uns die seligen Apostel eingeschärft!" **Uralt und katholisch** ist die Ordnung Gottes in der Kirche, deren Beachtung der hl. Bischof Ambrosius dem Kaiser Valentinian mit den Worten an das Herz legt: „Wann hast Du je gehört, daß in Glaubenssachen die Laien über die **Bischöfe** abgeurtheilt haben? Wenn der Bischof von den Laien sich soll belehren lassen, was wäre die Folge? der Laie wäre in der Kirche der Lehrer und der Bischof der Zuhörer, die Bischöfe hingen von den Lehren der Laien ab". Allein, um mit dem Kaiser Basilius zu sprechen, welche Stellung auch immer die Laien im Staate einnehmen mögen, so hören sie in der Kirche dennoch nie auf, zur Heerde zu gehören, und es hieße die Ordnung verkehren, wenn die Schaafe die Hirten weiden und leiten wollten. Endlich sagen wir noch mit dem hl. Augustin: „Wir sollen mit denen Nachsicht üben, welche irren in Bezug auf Lehren, die durch das Ansehen der Kirche **noch nicht genau bestimmt sind**; keinem jedoch, wer er auch immer sei, darf gestattet werden, so weit zu gehen, daß er es wage, sogar das Fundament des Glaubens zu erschüttern". Das aber ist in jenen protestirenden Ver-

ſammlungen unternommen worden. Maßlos war die Sprache, die man
darin führte; verwerflich ſind die Anträge, welche man ſtellte; das ganze
Zielbeſtreben läuft auf eine offene Trennung von der Kirche, auf einen
vollſtändigen Abfall vom katholiſchen Glauben hinaus.

„Was uns in unſerm Schmerze wieder aufrichtet, war die glaubens=
treue Haltung, mit welcher das unſerer Hirtenſorge anvertraute Volk
überall der ihm bereiteten Verſuchung mannhaft widerſtand; mit ſeinem
verſtändigen Sinn hat es die Früchte ſogleich an dem Baum erkannt,
der ſie trug, und weder bei den Dornen Trauben, noch bei den Diſteln
Feigen herbſten wollen; vielmehr hat es lauten Rufes ſeine Verabſcheu=
ung und Mißbilligung gegen jene Lockungen und Wagniſſe kund ge=
geben. Weil man aber trotzdem hartnäckig fortfährt, die Kirche und
ihr Oberhaupt um jener Glaubensentſcheidung willen zu bekämpfen und
die Gläubigen zu täuſchen, indem man über jene die gröbſten Mißdeut=
ungen und Mißverſtändniſſe verbreitet, ſo dürfen wir unſerer Hirten=
pflicht gemäß es nicht verſäumen, „zu ſtrafen, zu bitten und zu ver=
weiſen in aller Geduld und Liebe"; gegentheils iſt für uns die Stunde
eingetreten, für die katholiſche Religion und den höchſten Vorrang des
apoſtoliſchen Stuhles den allſeitigen Angriffen uns wie eine Mauer
entgegen zu ſtellen, damit kein anderer Glaubensgrund gelegt werde,
als der ſchon gelegt iſt, und nicht nur diejenigen, die auf dem recht=
gläubigen Wege ſich befinden, auf demſelben verharren, ſondern auch
jene, welche wankend oder durch die Künſte der Verführung getäuſcht
worden ſind, von ihren Vorurtheilen und Irrthümern zurückgeführt und
im wahren katholiſchen Glauben geſtärkt werden.

Zu dieſem Zwecke werden wir möglichſt kurz die drei Fragen
beantworten:

I. „Hat die höchſte und unfehlbare Lehrgewalt der
Kirche im Vaticaniſchen Concil zu uns geſprochen oder
nicht?

II. „Was lehrt das Vaticaniſche Concil von der Un=
fehlbarkeit des oberſten Lehramtes des römiſchen Papſtes?

III. „Was lehrt es nicht, ſondern was wird fälſchlich
ſeiner Lehre unterſchoben, um Mißverſtändniſſe und Ver=
wirrung zu verbreiten?"

Die hochwſt. Biſchöfe beantworteten hierauf dieſe drei
wichtigen Fragen in ihrem gemeinſamen Hirtenwort ebenſo
gründlich als volkverſtändlich und wir bedauern ſehr wegen dem

unserer Schrift zugemessenen Raume hier nicht weiter auf dasselbe eingehen zu können ¹).

Diese bischöfliche Belehrung wirkte beruhigend auf die öffentliche Meinung. In den kirchlichen Kreisen erfolgten sozusagen keine Conflicte. Nur zwei Pfarrer nahmen offen Stellung gegen das Dogma. Diese gehörten dem Bisthum Basel an und wurden vom Bischof suspendirt und excommunicirt ²).

Desto mehr aber wurde im Herbst und Winter 1872/73 von politischer Seite gegen das Dogma gehetzt. Ein preußischer Professor hielt in mehrern Kantonen Vorträge; größere und kleinere Volksversammlungen wurden abgehalten; auf die Bildung sogenannter „Altkatholischer' Gemeinden" hingesteuert und das Bisthum Basel zum Aktionsfeld bestimmt.

Durch diese Vorgänge sah sich der hochwst. Bischof Eugenius verpflichtet und genöthigt, unterm 15. November 1872 folgendes Hirtenschreiben an seine Diöcesanen zu richtet:

„Der Vater wendet sich an euch, seine Kinder in Christo, der Hirte an euch, seine von Gott ihm anvertraute gläubige Heerde, in einer Stunde ernster Gefahr und folgewichtiger Entscheidung.

„Ihr seid, Geliebteste, im katholischen Glauben getauft und auf diesen Glauben hin gefirmt worden. In diesem Glauben erzogen euch eure Eltern; bis zur heutigen Stunde habt ihr ihn Alle mit Mund und That bekannt. Durch diesen euren heiligen Glauben seid ihr Erlöste Jesu Christi, Glieder seines göttlichen Reiches, Kinder jener allgemeinen römisch-katholischen Kirche, deren glorreiches Haupt Jesus Christus selbst ist, als deren sichtbaren Mittel- und Einheitspunct und obersten Führer, als Statthalter Christi auf Erden wir den hl. Vater in Rom verehren, und die der hl. Paulus schon nennt als „gebaut auf dem Fundamente der Apostel", d. h. der mit dem Nachfolger Petri geeinigten Bischöfe der Christenheit.

„In dieser Kirche habt ihr euch bis anhin stets der herrlichen Segnungen des Christenthums erfreut, in jedem Lebensgebiete, namentlich auch in der Familie; ihr höherer Trost machte euren theuern Hin-

---

¹) Die Schrift ist bei Gebr. Benziger in Einsiedeln im Druck erschienen und umfaßt 42 Octov-Seiten.

²) Später schloß sich an die beiden Unglücklichen noch ein Professor an, welcher nach Preußen auswanderte, und von da in neuerer Zeit wieder nach der Schweiz zurückkehrte und nun ebenfalls vom Bischof excommunicirt wurde.

gegangenen die Todesstunde leicht, euern Ehen gab sie übernatürliche
Weihe, sie half im häuslichen Kreis, in Schule und Christenlehre, zum
Gedeihen einer christlichen Kindererziehung. In dieser Kirche hattet ihr
einen erhebenden und heiligenden Gottesdienst, hattet Theil an den
gnadenspendenden Sacramenten und wußtet euch als Mitglieder der
Gemeinschaft der Heiligen und Erben des ewigen Lebens.

„Jetzt aber auf einmal tritt mit dem Ansinnen, diese innige Ver=
einigung mit euerer hl. Kirche zu zerreißen, der Versucher an euch heran.
Mit ungestümmen Andrange setzt er euch zu und bestimmt euch für
eine verhängnißvolle Entscheidung, die in ihrer richtig ermessenen Trag=
weite nichts Wenigeres als den Abfall vom hl. Glauben, den Austritt
aus der römisch=katholischen Kirche, die Verläugnung des göttlichen
Christenthums selbst bedeutet.

„Den Vorwand zu diesem bedauerlichen Unterfangen gab die euch
bekannte Lehrentscheidung des vaticanischen Concils vom 17. Juli 1870.
Dasselbe erklärte nämlich die katholische Glaubenswahrheit, daß der
heilige Geist, welcher die Kirche Gottes stets erleuchtet, leitet und vor
Irrthum schützt, insbesondere dem sichtbaren Oberhaupte der Kirche
Beistand leiste.

„Es erklärte, daß demnach dasjenige, was der Papst in seiner Stell=
ung als Oberhaupt und oberster Lehrer der Kirche, mit der Absicht,
alle Gläubigen zu verpflichten, in Sachen des Glaubens und der Sitten
entscheide, vermöge jenes göttlichen Beistandes stets das Richtige und
Wahre, im katholischen Glaubensinhalt schon Grundgelegte sei. Dieser
einfache, im bisherigen Glauben und Leben schon enthalten gewesene
Grundsatz, der dem Papst weder erlaubt, aus sich eine neue Lehre auf=
zustellen, noch ihn ermächtigt, willkürlich in Glaubenssachen, geschweige
in weltlichen Angelegenheiten zu dictiren, — dieser Grundsatz, den ihr
und eure Vorfahren, wie alle frommen und wahrhaft gläubigen Katho=
liken stets und überall durch den Gehorsam gegen den hl. Vater be=
kanntet, wurde von den im Concil mit Pius IX. versammelten Bischöfen
der katholischen Welt hauptsächlich zur Bekämpfung einer falschen Wissen=
schaft unseres Jahrhunderts dogmatisch definirt, d. h. zum Glaubenssatz
durch kirchliche Entscheidung erhoben. Dieser Grundsatz nun stellt eine
Parthei, die innerlich schon längst vom Glauben der Kirche abgefallen
ist, in lügenhafter Weise dar, als wäre mit unserer Anerkennung des=
selben ein Abfall vom alten katholischen Glauben vollzogen; in un=
wahrster Anmaßung gehen die Gegner selbst soweit, namentlich auch in
der Absicht zu täuschen und zu verführen, daß sie als Altkatholiken

sich bezeichnen und gelten wollen. Es gibt aber nicht zweierlei Katholiken; denn um katholisch zu sein, genügt es nicht, sich selbst so zu nennen, sondern man muß einig sein im Glauben, mit dem von Gott beglaubigten und seit der Zeit der Apostel stets als solchem anerkannten unfehlbaren Lehramte der katholischen Kirche und in den religiösen Dingen sich unterziehen jener Autorität, die Christi Stelle vertritt. Nicht der Glauben an die eine oder andere christliche Wahrheit macht den Katholiken, sondern der feste Glaube an Alles, was Gott geoffenbaret hat und die katholische Kirche zu glauben vorstellt.

„Wer diese Lehre Christi und der hl. Kirche nicht annimmt, versündigt sich am Glauben und wer offen einem oder mehreren katholischen Dogmen widerspricht oder gar schmähend entgegentritt, scheidet sich selbst von der kathol. Kirche aus. Die Ausschließung aus ihrer Gemeinschaft ist nur die verhängnißvolle Folge, die man sich selbst zuzieht, — als Strafe der Kirche, aber nie auf Verstoßung, sondern als äußerstes Heilmittel berechnet:

„Wenn nun diese Ausschließung aus der Kirche bei einem bedauernswerthen Priester dieses Kantons angewendet werden mußte und angeordnet ward, wenn meine Pflicht und meine schuldige Obsorge für eine gläubige katholische Pfarrgemeinde mich nöthigte, nach langgeübter Nachsicht einen Seelsorger zu entfernen, der als Lehrer und Hirt in meinem Namen, im Geiste der katholischen Kirche wirken sollte und dafür heilige Gelöbnisse des Gehorsams abgelegt hat, der aber statt dessen gegen geheiligte Glaubensaussprüche der Kirche in leidenschaftlicher Heftigkeit, selbst auf der Kanzel, auftrat und vieles Andere dazu verschuldete, darf man da mit Recht vom Bischof fordern, daß er schweigsam dem zusehe und in Nachsicht gegen den Einen es dereinst verantworte, daß nach und nach der Glaube und die kirchliche Treue eines ganzen Volkes erschüttert werde? Und wie kann man erst um deßwillen, daß der Oberhirte eine schwere Pflicht erfüllte, nun mit schmählichen Vorwürfen ihn überhäufen, ihn des Unrechts zeihen und die Gläubigen zum offenen Ungehorsam, selbst zum Abfall von der Kirche aufreizen? Vom Guten stammt das nicht, es ist der Stachel des Bösen.

„Nein Geliebteste! laßt euch nicht täuschen! Es handelt sich in der angeregten Bewegung nicht um Reformen in der katholischen Kirche, denn solche werden nicht mit stürmischer Hand und Widersetzlichkeit gegen die kirchlichen Obern verlangt. Es handelt sich nicht um eine religiöse Parthei, die noch auf den Namen „Katholisch" Anspruch haben kann, — es handelt sich um Losreißung von der Einen katholischen Kirche, um den Sturz in bodenlosen Abgrund. Wer sich von den Nachfolgern der Apostel losreißt, der überantwortet sich und die mit ihm Verirrten in die traurigste Lage. Einmal von der Kirche, von der katholischen Gemeinschaft getrennt, hat man nirgends mehr einen Halt, einen Anker, weder für den Glauben noch für das Seelenheil.

„Außer dem Verbande mit den Bischöfen und durch sie mit dem Oberhaupte der Christenheit gibt es ja kein katholisches Priesterthum, kein Opfer des Altars, keine Spendung heiliger Sacramente. Der abgefallene Katholik steht da wie ein abgerissener Zweig, ohne mehr Anspruch zu besitzen auf die Heilsgüter, welche die Kirche spendet, ohne Antheil an sacramentaler Gnade. Und sollte in Mitten solch' abgetrennter Katholiken ein an seiner Kirche ungetreuer Priester sich finden, so nützt auch das der Gemeinde in Absicht auf die Angelegenheiten des ewigen Heils Nichts; denn dessen Opfer ist Frevel am Heiligen, dessen geistliche Functionen sind sacrilegisch, dessen Absolution im Bußsacramente ungültig und dessen Gegenwart und Amtsverwaltung nur ein fortdauerndes schreckliches Aergerniß.

„O ferne von euch sei es doch, euch in solche Lage drängen zu lassen! Hütet euch, Solchen euer Heil anzuvertrauen, die nicht in Christi, noch in seiner Kirche Namen zu euch kommen, denen die rechtmäßige Sendung abgeht! Höret auf ihre Stimme nicht, so verführerisch auch ihre Rede lauten mag! Leihet euer Ohr der Stimme eueres wahren Hirten, eures Bischofs! Er ist verantwortlich für eure Seelen; er ist's, der im Namen der Kirche euch als Lehrer und Oberhirt vorsteht; von ihm, von den Bischöfen heißt es aus Christi Mund: „Wer euch höret, der höret mich, wer euch verachtet, verachtet mich". Verbleibet in dem katholischen Glauben, den ihr mit dem Episcopate dem Stuhle Petri, mit der gesammten katholischen Kirche der Rechtgläubigen auf dem gesammten Erdenrund gemeinsam habt und der euch einigt über dies mit der triumphirenden Kirche der Heiligen und Seligen jenseits.

„Noch habt ihr die Wahl, Geliebteste! noch liegt es an eurem Willen, für Leben oder Tod, für Glaubenstreue oder für Verleugnung und Wegwerfung eueres heiligen katholischen Glaubens euch zu entscheiden. Letzteres geschieht, sobald ihr vom kirchlichen Verbande euch losreißt. O bedenket darum wohl was ihr thut! Es ist schon traurig genug, daß es so weit kommen mußte und euch in politischer Versammlung eine solche Frage vorgelegt werden darf, die das Seelenheil von Allen und all' eurer Nakommenschaft auf's Spiel setzt.

„Wählet, entscheidet euch bei dem aufgedrungenen Anlasse so, daß ihr eure und eurer Kinder Seelen rettet, daß ihr es vor Gott einst in der Todesstunde und am Gerichtstage verantworten könnt, daß ihr euch eurer römisch-katholischen Altvordern erinnert, die im Grabe euch zum Festhalten am katholischen Glauben und an der katholischen Kirche ermahnen und deren ihr durch leichtfertigen Abfall euch unwürdig erzeigen würdet. Aber nein, ihr thut es nicht, ihr achtet euch selbst und liebet eure Kirche als treue Mutter bis zum letzten Athemzuge. Euer Bischof hofft dieses von euch, ja er erwartet es zuversichtlich; er betet für euch und segnet euch und euere Familien.

"Gegeben in Solothurn, am Tage unseres heiligen Namenspatrons Eugenius Bischof und Martyrer den 15. Nov. 1872".

Nun war der Moment gekommen zur offenen Kriegserklärung.

Auf den 19. November 1872 wurde die Diöcesanconferenz nach Solothurn einberufen; die beiden katholischen Regierungen Luzern und Zug lehnten den Besuch ab und so erschienen nur die Abgeordneten der fünf theils protestantischen, theils altkatholisch-gesinnten Regierungen von Solothurn, Bern, Baselland, Aargau und Thurgau und diese faßten folgende Schlußnahmen:

I. "Das vaticanische Decret vom 18. Juli 1870 über die Unfehlbarkeit des Papstes wird nicht anerkannt und ihm keinerlei rechtliche Wirksamkeit beigelegt.

II. "Dem Bischof wird die Berechtigung abgesprochen und untersagt, Priester mit Censuren zu belegen, weil sie gegen das Unfehlbarkeitsdogma auftreten.

III. "Dem Bischof wird die Berechtigung abgesprochen und untersagt, Pfarrer der Diöcese ohne Mitwirkung der kantonalen Behörden abzusetzen.

IV. "Der Bischof wird aufgefordert innert einer Frist von drei Wochen, vom Tage des Empfanges des Diöcesanbeschlusses an, sich über das in den Motiven näher bezeichnete Verhalten bei dem Vororte der Diöcesanconferenz zu Handen derselben zu verantworten.

V. "Der Bischof wird aufgefordert, innert der gleichen Frist von drei Wochen, die gegen die Pfarrer Egli und Gschwind ausgesprochenen Excommunicationen und Amtsentsetzungen bedingungslos zurückzuziehen.

VI. "Der Bischof wird nachdrücklich eingeladen, den Herrn Kanzler Düret von seiner Stelle zu entlassen.

VII. „Die Diöcesanconferenz wird sofort nach Ablauf der oben angesetzten Frist wieder zusammentreten, um das Weitere zu beschließen und der Vorort ersucht, sämmtliche Stände dazu einzuladen. Unterm 26. November machte der Vorort Solothurn dem hochwst. Bischof in einem ausführlichen Schreiben Mittheil= ung von diesen Beschlüssen und Eugenius stellte innerhalb der festgesetzten Frist in einem einläßlichen, motivirten Schreiben vom 16. Dezember 1872 den 5 Ständen folgende Schluß= erklärung auf ihre sieben Dispositive zu:

Ad I. „Es wird Hochdenselben von selbst klar sein, daß der Bischof eine staatliche Regulirung reiner Glaubenssätze niemals aner= kennen, noch überhaupt eine Behinderung seines Apostolischen Lehramtes als zu Recht bestehend erachten kann.

Ad II. „Da die Censuren gegenüber Mitgliedern des geistlichen Standes nichts Anderes sind als eine Entziehung von Befugnissen und Ansprüchen, welche rein auf dem religiösen Standpunkt und Glaubens= system beruhen, und es Sache des hiefür allein competenten Bischofs ist, zu beurtheilen, in wieweit ein Priester, der sich mit der Lehre und dem Geiste der Kirche oder den Forderungen seines Amtes im Wider= spruch befindet, solche Maßregeln verdient, so ist es in der Natur der Sache begründet, daß der Oberhirt auf die Befugnisse zu solchem Ur= theil und zu den hieraus consequent sich ergebenden Disciplinarmaß= nahmen bezüglich des geistlichen Amtes in keinem Fall verzichten darf. Er würde ja dadurch an seiner wesentlichen Amtspflicht Verrath üben. Uebrigens ist die Anwendung der schweren Censuren auch nur auf seltene Fälle arger Pflichtwidrigkeit des Geistlichen beschränkt und findet um so mehr Rückhaltung, als das Vaterherz des Bischofs nicht minder leidet, als der Betroffene selbst.

Ad III. „Der Bischof soll ohne Regierungsbewilligung keinen Pfarrer, was er auch begangen habe, entsetzen können. Allein Ihrer= seits, wie das Beispiel etlicher hoher Regierungen zeigt, sollte es dann angehen, ohne Wissen und Einwilligung des Bischofs, ja trotz seiner Protestation, Amtsentsetzung über Geistliche, namentlich pflichteifrige, zu verhängen? Auch hier ist nur der Bischof es, der nach der katholischen Kirchenverfassung diese Befugniß hat; er nimmt — zurück, was er — ge= geben. Auf diese Befugniß verzichten, hieße — besonders zusammen gehalten mit dem, was Sie sub II. aussprechen — nichts Wenigeres als: der Bischof müsse jeden ungetreuen, antikatholisch auftretenden oder auch sittlich unwürdigen Geistlichen, sofern der Staat ihm gewogen ist, fre walten lassen, Irrthum und Verderben auszusäen. Hochsie begreifen, daß ein Bischof unmöglich, zumal ohne alle Garantie, in solche Beschränkung einstimmen kann; er ist nicht nur der rechtmäßige Obere und Richter der Geistlichkeit, sondern auch der, welcher vor Gott und seinem Gewissen Verantwortung schuldet für das Seelenheil der ihm anvertrauten Gläubigen.

Ad IV. „Nehmen Sie Gegenwärtiges an Verantwortungsstatt entgegen. Zu einer förmlichen Verantwortung vor Ihren Gerichtsschranken kann ich freilich eine Pflicht nicht anerkennen. Nebstdem zeigen mir die sieben zu Ihrer Schlußnahme gehörenden Resolutionen zur Genüge, daß ich zum vornhinein, ohne alle Anhörung meines Standpunktes, vor Ihren Schranken verurtheilt bin. Ich habe eben nur die zu Richtern, die meine Ankläger sind.

Ad V. „Die Zurücknahme der über die zwei schuldbaren Priester verdientermaßen ausgesprochenen Censuren hängt im Grunde nur, oder wenigstens vor Allem, von den Betreffenden selbst ab. Obwohl sie in Folge ihrer widersetzlichen Verübung von Sacrilegien nunmehr nur noch vom Apostolischen Stuhle selbst losgesprochen werden können, so würde ich doch mit Trost und Freude die Vermittelung für ihre Rehabilitation übernehmen, wo fern die Betroffenen reumüthig und mit Anerkenntniß ihrer schweren begangenen Schuld zum Glauben an die volle katholische Lehre zurückkehren, bereit hievon öffentliches Zeugniß zu geben und das gestiftete Aergerniß nach Kräften gut zu machen. — So lange die beiden Unglücklichen aber im Ungehorsam und in ihrer glaubenswidrigen Gesinnung verharren, bleibt mir nur übrig, für sie zu beten, auf daß Gottes Gnade sie zurückführe.

Ad VI. „Hinsichtlich der verlangten Entlassung meines Kanzlers bemerke ich, daß seine Stelle durchaus nicht von den Staatsregierungen besoldet ist, noch von ihnen irgendwie abhängt. Er ist mein Angestellter, mein Gehülfe und gehört zu meiner Familie. Hochsie setzen sich zudem ganz hinweg darüber, auch nur eine einzige Beschwerde gegen ihn vorzuführen. Ich habe also einfach zu entgegnen, daß ich auch keine Beschwerde meinerseits gegen ihn habe, vielmehr seinem Fleiß, seiner Treue und seiner Arbeitstüchtigkeit volle Anerkennung zolle.

Ad VII. „Schließlich stellen Sie weitere Maßregelungen gegen mich in Aussicht, falls meine Verantwortung Ihnen nicht gefällt. Zu Ihrer Ehre, hochgeachtetsten Herren, will ich hierauf bezüglich jede Bemerkung unterdrücken. Schweigen mag auf solches die geeignetste Antwort sein.

„Ich erlaube mir noch eine Erklärung. Von Kindheit an habe ich gelernt, Gott mehr zu fürchten, als die Menschen. Auch jetzt will ich, um etwaigen Leiden und Drangsalen auszuweichen, keineswegs Verräther an meiner Pflicht werden, Untreue an meiner Kirche begehen, Aergerniß bieten meinen Diöcesanen und den Katholiken der ganzen Schweiz, die Schande eines pflichtvergessenen Hirten auf mich ladend. Nein, eher den Tod als die Schande! Potius mori quam fœdari!"

Im Laufe des Januars 1873 versammelte sich sodann die **Diöcesanconferenz** wieder und die **Abgeordneten der fünf Regierungen** sprachen unterm 29. Januar folgendes Urtheil gegen den **Bischof** aus:

„Die Diöcesanconferenz des Bisthums Basel in ihrer Mehrheit bestehend in den Abgeordneten der Kantone Solothurn, Aargau, Bern, Thurgau und Baselland beschließt:

1) „Die dem hochwst. Bischofe Eugenius Lachat von Mervelier, Bern, unterm 30. November 1863 ertheilte Bewilligung zur Besitzergreifung des bischöflichen Stuhles der Diöcese Basel wird zurückgezogen und damit die Amtserledigung ausgesprochen.

2) „Es wird dem Herrn Eugen Lachat die Ausübung weiterer bischöflicher Functionen in den Kantonen untersagt und es ist an dieselben die Einladung zu erlassen, für einstweilen die bischöflichen Einkünfte nicht mehr auszurichten, beziehungsweise in den Kantonen, in denen die Diöcesanfonds nicht mit dem Staatsgute vereinigt sind, die betreffenden Fundationen mit Sequester zu belegen.

3) „Die Regierung von Solothurn wird eingeladen, dem Herrn Eugen Lachat die Amtswohnung im bischöflichen Palaste mit einer entsprechenden Räumungsfrist zu künden und für Uebergabe des dem Bisthum Basel angehörigen Inventars besorgt zu sein.

4) „Das Domcapitel wird eingeladen, nach Mitgabe des Grundvertrages zwischen den Diöcesanständen über die Bisthumserrichtung vom 28. März 1828, Art. 3 und des päpstlichen Exhortationsbreves vom 15. Sept. 1828, sowie des Conferenzbeschlusses vom 21. Oct. 1830 innerhalb 14 Tagen vom Tag der Mittheilung dieser Schlußnahme an einen den Kantonen genehmen Bisthumsverweser ad interim zu ernennen.

5) „Die fünf Diöcesanregierungen werden sofort Verhandlungen über Revision des Diöcesanvertrages eröffnen und dazu auch die hohen

Regierungen der Kantone Zürich, Baselstadt, Schaffhausen, Tessin und Genf für ihre katholische Bevölkerung einladen.

6) „Von diesen Beschlüssen ist dem h. Bundesrath für sich und zur diplomatischen Eröffnung an den päpstlichen Stuhl Mittheilung zu machen.

7) „Die Conferenz vertagt sich zur Entgegennahme der Schlußnahme des Domcapitels und zur Behandlung weiterer Geschäfte bis 14. Februar nächsthin.

Gegen dieses Urtheil legten schon während der Conferenz-Sitzung die Regierungen der Kantone Luzern und Zug, welche beinahe die Hälfte der katholischen Bevölkerung des Bisthums Basel umfassen, Protestation ein und erklärten, daß sie den hochwst. Hrn. Eugenius Lachat fortwährend in ihren Kantonen als Bischof anerkennen und in seinen Rechten schützen werden.

Ebenso begab sich das Domcapitel schon am 30. Jan. vollzählig zu dem hochwst. Bischofe, um ihm den Schmerz über das Widerfahrene und die Sympathie und Ergebenheit Aller zu bezeugen und unterm 5. Februar lehnte dasselbe einhellig die ihm von den Regierungen zugemuthete Wahl eines Bisthumsverwesers ab.

Der hochwst. Bischof selbst richtete unterm 4. Februar 1873 an die fünf Diöcesanstände eine feierliche Protestation ein, welche wir hier wegen dem unserer Schrift zugemessenen Raume, leider nicht in ihrer ausführlichen Vollständigkeit mittheilen können, aber doch in ihren Haupt- und Schlußerklärungen anführen wollen.

Diese Protestation des hochwst. Bischofs gibt folgende Haupt- und Schlußerklärungen:

„Gegen diesen Erlaß einer sich so nennenden Mehrheit der Diöcesanconferenz erhebe ich bezüglich aller seiner Theile und seines ganzen Inhaltes, in Erfüllung einer mir heilig obliegenden, wenn auch schmerzlichen Pflicht, ohne Verzug die nachdrucksamste Protestation.

„Und zwar protestire ich vor Allem gegen Ihre Hauptschlußnahme, gehend auf Vacant-Erklärung des bischöflichen Stuhles von Basel.

„Die Bischöfe sind die Nachfolger der Apostel und als solche „vom heiligen Geist gesetzt, die Kirche Gottes zu regieren". (Apostg. 20, 28).

Von Oben stammt ihre Würde und Amtsgewalt, und von der Kirche, resp. vom Apostolischen Stuhl ihre specielle Jurisdiction über einen bestimmten Sprengel. Daher nennt sich auch jeder katholische Bischof „von Gottes und des Apostolischen Stuhles Gnaden." — Vom Staate kommt also keineswegs dem Bischofe zu, was er an Autorität, Weihegewalt und Jurisdiction besitzt. Und was der Staat nicht gegeben und nicht geben kann, das kann er auch nicht nehmen. Wenn daher auch der Apostolische Stuhl den Diöcesanregierungen, als sie das Bisthumsconcordat mit ihm geschlossen, die Vergünstigung einräumte, daß sie vor der kanonischen Wahl sich über die Genehmheit einer vorgeschlagenen Candidatur aussprechen können, so hat solche Einräumung weder nach dem Wortlaut noch nach der Praxis den Sinn, daß eine Widerruflichkeit dieser Genehm-Erklärung statthaft sei; es ist dieß vielmehr eine in der ganzen Kirchengeschichte unerhörte Neuerung, die wahrlich vom einseitigsten Standpunkte bloßer Parteiwillkürlichkeit zeugt.

Allein mit der Protestation wider diese erste und Hauptverfügung dieser schroffsten aller Gewaltsacte, muß ich auch ebenso energische Wahrung und Protestation gegen Ihre übrigen mitverknüpften Maßregeln aussprechen, als da des Fernern sind:

das Verbot der Verrichtung bischöflicher Functionen;
die schismatische Zerreißung der Diöcese und die einseitige Aenderung des Bisthumsvertrages;
die beabsichtigte Aufstellung eines Bisthumsverwesers wider alles Recht, so lange der rechtmäßige Bischof da ist;
die in Aussicht gestellte Inventarisation und Anhandnahme des testirten Bisthumsguthabens;
die mit der Amtsabberufung parallel gehende und gleich unrechtliche Entziehung des bischöflichen Einkommens;
die Sequestration der zur Ausrichtung dieses Gehaltes dienenden Fonds, soweit sie unter eigener Verwaltung stehen; und
die bereits beschlossene Kündung der bischöflichen Wohnung.

„Wohl bin ich auf das Exorbitante dieser Ihrer Conferenzbeschlußnahmen nicht ganz unbereitet. Obschon ich von Anbeginn meines Pontificats an, in der besten Intention, die Eintracht zwischen Staat und Kirche dauernd zu bewahren, mich darauf beschränkte, die bischöflichen Befugnisse gewissenhaft nur innert jenen Grenzen auszuüben, wie ich sie unter der Verwaltung meiner beiden würdigen Vorgänger faktisch fand, ohne irgend eine Neuerung oder Umgestaltung vorzunehmen, und obschon ich mehreren Wünschen der Diöcesanstände bereitwilligst Folge gab, ward ich doch seit Jahren unausgesetzt bald von dieser, bald von jener Seite in Ausübung meines kirchlichen Amtes gekränkt und gehemmt, mußte ein Unrecht um das andere über die Diöcesankirche hereinbrechen sehen, wobei keinen Gegenvorstellungen Rechnung getragen ward; in letzter Zeit tauchten im Schooße mehrerer Kantonalbehörden Projecte völliger Zerstörung des kirchlichen Organismus im Bisthum Basel auf, nach Plan vorschreitend, ohne Rücksicht auf Recht und Verträge. Konnte und durfte der Oberhirt schweigend sich verhalten? Allein, was er sprach, ward mit Verbitterung aufgenommen und mehrte nur bereits gefaßten Groll. Und jetzt trit der Diöcesanconferenzbeschluß vom 29. Jänner ein, als eine Art „Krönung des Gebäudes" — oder vielmehr als **letzter Schaufelstich der Todtengräber des Bisthums Basel**. Allein ich hoffe dessen **Auferstehung** annoch zu sehen. Noch waltet über der Menschen Thun und Treiben eine höhere Gerechtigkeit.

„Ich vertraue, es werde der Allmächtige sich der verfolgten Unschuld und des unterdrückten Rechtes annehmen, und seiner bedrängten Kirche wie dem mißhandelten bischöflichen Stuhle von Basel wieder zu Recht und Freiheit verhelfen. Meinerseits weise ich keine dargebotene Hand zur Versöhnung, kein Entgegenkommen zurück; allein ich will und muß entweder als wahrer und getreuer katholischer Bischof dastehen, wirken und die Gläubigen leiten, — oder dann will ich als würdiger Bischof und guter Hirt meiner Schafe, für sie mein Leben hingebend, — fallen!

„**Das walte Gott!**

In Uebereinstimmung mit dieser **allgemeinen Protestation** richtete der hochwst. Bischof noch **besondere Protestationen an die Großen Räthe einzelner Kantone** und ergriff den **Recurs an den h. Bundesrath**[1]).

Die Abgeordneten der fünf Regierungen traten ihrerseits den 14. und 15. Februar 1873 neuerdings in eine Conferenz zusammen und beschlossen ihren Urtheilsspruch vom 29. Januar **durchzuführen**. Zu diesem Zwecke faßten sie den Beschluß:

1) Dem **Bundesrath** gegen den Recurs des Bischofs ein Gegenmemorial einzureichen und eine bundesräthliche Suspensirung ihrer Verfügungen zu bestreiten.

---

[1]) Leider gestattet uns der unserer Schrift zugemessene Raum nicht diese inhaltsreichen Actenstücke hier mitzutheilen.

2) Dem Domcapitel das Mißfallen über sein Verhalten auszusprechen, die Frage über dessen Fortexistenz offen zu behalten, in Folge dessen Ablehnung **selbst zur Wahl eines Bisthumsverwesers** zu schreiten und mit geeigneten Candidaten hiefür zu unterhandeln.

3) Den bereits entworfenen Vertrag eines neuen, ohne Mitwirkung Rom's zu errichtenden **Nationalbisthums** durch eine Specialcommission in nähere Prüfung zu ziehen[1]).

Ueberdies gaben die **fünf Regierungen der Pfarrgeistlichkeit** ihrer Kantone die Weisung, jeden amtlichen Verkehr mit dem „**gewesenen**" Bischof abzubrechen und bedrohten die Wiederhandelnden mit Strafen.

Die **Char-** und **Osterwoche** des Jahres 1873 war die bittere **Leidenszeit** des hochwst. Eugenius, Bischofs von Basel[2]).

Auf die Osterwoche hatte die Regierung von Solothurn die Ausweisung des Bischofs aus der bischöflichen Wohnung angesetzt.

Den 8. April, am Dienstag in der Charwoche erschienen die Abgeordneten der Regierung von Solothurn in dem bischöflichen Palast, um das Archiv und die dem Bisthum gehörenden

---

[1]) Vergl. Solothurner Landbote Nr. 21.

[2]) In diese Leidenszeit fiel auch der Streit wegen dem Linder'schen Legat, wegen welchem der hochwst. Bischof in der Presse wie ein Betrüger und Veruntreuer verdächtiget wurde. Wir beschränken uns hier — pendente lite — auf die einfache Bemerkung, daß das Linder'sche Legat, bestehend in 200,000 Fr. a. W. laut Zeugniß des Domcapitels sich in der bischöflichen Verwaltung vollständig vorgefunden hat und laut richterlicher Verfügung dermalen in dritte Hand niedergelegt wurde und daß nun vor den Gerichten der Prozeß waltet, ob und inwieweit die Verwaltung und Verfügung über dieses Legat dem hochwst. Bischof Eugenius Lachat zustehe? Die Presse sollte auch gegenüber einem Bischof wenigstens die Rücksicht beobachten, daß sie in einem Processe nicht richtet, bevor der Richter geurtheilt hat. In dem hier obwaltenden Streite ist dies um so angezeigter, da die Erblasserin ihr Codicil an den Bischof von Basel (im Einvernehmen mit dem bischöflichen Ordinariat) gerichtet und darin bezüglich der Verwendung festgesetzt hat: „Ich lege die ver„schiedenen Vorschläge und Pläne Ihrer Einsicht zur Prüfung bei, mit der vollen „Freiheit jedoch, dasjenige davon zur Ausführung zu bringen, was Ihrem ge„wissenhaften Ermessen für den gewünschten Zweck als das Ersprießlichste und „Heilbringendste sich herausstellt."

Inventargegenstände auszuscheiden und unter Sigel zu legen. Sie verlangten, daß nicht nur die officiellen Actenstücke, sondern selbst auch die Privatcorrespondenz Sr. Gn. des Bischofs mit dem hl. Vater und mit der Nuntiatur ihnen ausgehändigt werde. Diesem Ansinnen widersetzte sich der Bischof, wie es sich von selbst versteht, mit aller Entschiedenheit; man ließ es auch schließlich fallen. In Gegenwart der residirenden Senatsmitglieder wurden die officiellen Acten und die obgenannten Inventargegenstände in das Archiv gelegt. Auch jener Theil der Acten, welche sich auf die Diöcesancantone Luzern und Zug beziehen, welche einige Zeit vorher auf Verlangen der betreffenden Regierungen eigens ausgeschieden worden waren, wurden zu den übrigen gethan, Alles sodann unter die Siegel der Regierung und des Domsenates gelegt.

Am hohen Donnerstag weihte der hochwürdigste Bischof, von höchster kirchlicher Autorität dazu bevollmächtiget, die heiligen Oele in seiner Privatcapelle, und wohnte am Charfreitag dem Gottesdienst in der Kathedrale bei. Am hl. Osterfeste suchten ihn die Augen der zahlreich versammelten Gläubigen in der Domkirche umsonst; es war das erste Mal, daß er, in seiner Residenz anwesend, den hohen Festtag nicht durch seine Functionen verherrlicht hatte.

Am 16., Morgens gegen 10 Uhr, erschien die Abordnung der Regierung wieder, um den Bischof nunmehr aufzufordern, seine Wohnung zu verlassen. Auf die Frage: ob er sie freiwillig verlassen oder abwarten wolle, daß man ihn dazu nöthige, erklärte Hochderselbe, daß er, seine Rechte verwahrend, keineswegs freiwillig in das gestellte Verlangen eintrete, hingegen bestimmt wissen wolle: was man mit ihm vorhabe? Daß er deshalb vernehmen möchte, wer eigentlich von der h. Regierung mit der Ausführung des Beschlußes beauftragt sei und daß er dieses Dekret von dem damit Beauftragten zu hören wünsche. Diesem Wunsche entsprechend, wurde der Tit. Chef des Polizeidepartements, Hr. R.-R. Ackermann herbeigeholt. In der Zwischenzeit richtete der Hochwst. Bischof einige Worte der Ermuthigung und des Trostes an die anwesenden Domherrn. Hr. Ackermann erklärte nun: es sei der bestimmte Wille der Regierung, daß der Tit. Bischof und sein Kanzler heute noch, zu beliebiger Stunde, das bischöfliche Palais verlasse, mit Gestattung, hinzugehen wo es ihm gefalle. „Wenn es so ist", antwortete der Bischof, „so will ich gerade mit Ihnen kommen", legte im Nebenzimmer Hut und Mantel an und verließ an der Seite des Polizei=Chefs das Haus. Weinend begleiteten ihn die Hausgenossen, denen er noch seinen Segen gab, sechs anwesende jurassische Geistliche, die Glieder des Domsenates und der Regens des bischöflichen Convictes. Außer dem Gitter= des Hofes verabschiedete sich Hr. R.=R. Ackermann und schlug ein Seitengäßchen ein; der Bischof hingegen, begleitet von den obgenannten Geistlichen, ging auf dem gewohnten Wege in die Kathedrale und betete dort vor dem Hochaltare das Regina cœli. Hierauf begab er sich, eine größere Begleitschaft sich verbetend, in die Wohnung des Hrn. von Haller, und reiste am folgenden Tag in den Kanton Luzern. Aber mit der Entfernung des Bischofs aus dem bischöflichen Palast war derselbe keineswegs aus dem Gewissen der Geistlichkeit und des katholischen Volkes entfernt und das katholische Gewissen ist eine Macht, welche leider die modernen Staatsgewaltigen verkennen.

Die Bande zwischen Hirt und Heerde wurde durch diese Leidenszeit nur um so enger geschlossen. Die hochw. Geistlichkeit sämmtlicher Kantone fand sich nicht nur in ihrem Gewissen verpflichtet, den hochwst. Herrn Eugenius fortwährend als ihren einzig rechtmäßigen Bischof anzuerkennen, sondern sie erklärte dies auch während und nach den Conferenzverhandlungen offen und frei sowohl dem hochwst. Bischof als den Regierungen: — „möge da kommen, was da wolle". So die Geistlichkeit des Kanton Solothurn durch Zuschriften vom 12., 18. und 25. November 1872 und vom 18. Februar 1873; so die Geistlichkeit des Kanton Thurgau durch Zuschriften vom December 1872 und 10. Februar 1873; die Geistlichkeit des Kanton Zug durch Zuschrift vom 5. December 1872; die Geistlichkeit des Kanton Luzern durch Zuschrift vom Januar 1873; die Geistlichkeit des Kanton Aargau durch Zuschrift vom 13. März 1873; die Geistlichkeit des Kanton Bern durch Zuschrift vom 27. März 1873[1]). Und die Geistlichkeit hat dieses Wort auch sofort durch die That be-

---

[1]) Auch diese denkwürdigen Actenstücke müssen wir leider hier aus Raummangel übergehen.

kräftigt, indem sie vorzog, die in den Kantonen Bern und Solothurn bereits massenhaft verhängten Strafen und Amtseinstellungen zu erdulden, als ihrem Gewissen untreu zu werden¹).

Diese Haltung des Bischofs und der Geistlichkeit hat nicht nur in der Schweiz, sondern auch im Auslande großes Aufsehen erregt. Durch Adressen, Deputationen, Vereine und Volksversammlungen sprach sich die katholische Bevölkerung in den fünf Kantonen Basel, Bern, Thurgau, Aargau und Solothurn gegen das Vorgehen ihrer Regierungen aus; sämmtliche hochwürdigsten Bischöfe der Schweiz und die Domcapitel von St. Gallen und Chur richteten theilnehmende Zuschriften an den Bischof Eugenius. Selbst die Bischöfe von Preußen, Bayern, Württemberg, Baden, Oesterreich, Ungarn, Frankreich, Holland, Belgien, Italien, England, Afrika drückten dem bischöflichen Dulder ihre Sympathien aus und die katholische Welt beeilte sich durch milde Gaben das Schicksal des ausgewiesenen Bischofs von Basel und seiner staatsgemaßregelten Geistlichkeit zu erleichtern.

Mitten in seinem Leiden wurde dem Bischof Eugenius ein außerordentlicher Trost zu Theil; er kam von Pius IX., der Gefangene des Vaticans sandte einen eigenen Abgeordneten in die Schweiz, um dem Bischof von Basel einen Brief und ein prachtvolles Kreuz zu überbringen. Der von der Hand des hl. Vaters geschriebene italienische Brief lautet in wörtlicher Uebersetzung:

Geliebtester Herr Bischof!

„Es drängt mich, theuerster Bruder in Jesu Christo, mich an „Dich zu wenden, um Dich ob der Standhaftigkeit, welche Du, ver= „mittelst der göttlichen Gnade, wider die Feinde unserer heiligsten Religion

---

¹) Die Regierung von Bern hat unterm 28. April sämmtliche Pfarrer des Jura's in ihrer Function eingestellt, denselben das Predigen, Taufen, Eheeinsegnen, Beerdigen, überhaupt jede pfarrliche und priesterliche Amtsverwaltung in der Kirche oder in einer öffentlichen Localität (mit Ausnahme der stillen Messe) untersagt, ihnen den Pfarrgehalt entzogen und sie überdies dem Obergericht behufs definitiver Abberufung überwiesen. — Die Regierung von Solothurn hat unterm 2. April 1873 die Geistlichen in drei Classen getheilt, und die erste Classe mit 25, die 2. mit 50 und die 3. mit 100 Frcs. bestraft und sämmtlichen Pfarrern mit Amtseinstellung und Abberufung gedroht. In den andern Diöcesankantonen sind die Strafurtheile noch nicht erfolgt.

„an den Tag legest, zu beglückwünschen. Gleichzeitig übersende ich Dir,
„als Unterpfand meiner tiefstgefühlten, freudigen Anerkennung
„deines Betragens im Kampfe gegen die Mächte der Finster=
„niß ein Brustkreuz, und bitte Gott, Er wolle auch fortan deine Priester
„und die so zahlreiche Schaar der getreuen Katholiken durch seine Gnade
„stärken! Allen ertheile ich aus vollstem Herzen den apostolischen
„Segen!"

„Im Vatican, den 16. Februar 1873". **Pius IX.**

Diese Zuschrift des Papstes Pius und diese Adressen
der Bischöfe aus allen Theilen der Erde an den bedrängten
Bischof von Basel bilden ein denkwürdiges Zeugniß für die
Einheit, Solidarität und Charitas der gesammten katholischen
Welt; sie bilden ein bleibendes Ehrendenkmal sowohl für die=
jenigen, von welchen diese Schreiben ausgiengen, als für den=
jenigen, an welche sie gerichtet. Weil ein Glied der Kirche lei=
det, leiden alle Glieder mit ihm. Um den von seinem bischöf=
lichen Stuhl vertriebenen Hirten schaaren sich das Oberhaupt und
die Bischöfe von 200 Millionen Gläubigen und sie verkünden
offen und laut: daß sie Alle mit Eugenius und nur mit
Eugenius als dem einzig rechtmäßigen Bischof von
Basel in Gemeinschaft stehen und bleiben wollen.

Wir schließen unsere Schrift mit einer **Blumenlese** aus den
Schreiben der Bischöfe der verschiedenen Nationen der Welt; sie
erinnern durch Inhalt und Sprache an die apostolischen Schrei=
ben der ersten christlichen Zeiten.

1) Schreiben Sr. Eminenz des **Cardinal=Erzbischofs** von
Wien (d. d. 2. Mai 1873):

Hochwürdigster, verehrtester Herr Bischof!

Nicht sehr lange liegt die Zeit hinter uns, da bei dem Angriffe
auf die katholische Kirche die Toleranz das beliebteste Losungswort war
und nach Umständen bekömmt man es noch zu hören. Stets meinte
die Aufklärung damit etwas ganz Anderes als die christliche Duldung;
es war darauf abgesehen, vorerst den Irrthum der Wahrheit gleichzu=
stellen, dadurch die katholische Ueberzeugung zu entkräften und sobald
man darin Fortschritte gemacht habe, die katolische Lehre als einen ver=
alteten Aberglauben aus dem Wege zu räumen. Mit den andern christ=
lichen Bekenntnissen glaubten die Lichtmacher dann leichtes Spiel zu

haben. In Mitte der Wirren des Jahres 1848 fühlte man in Deutschland denn doch die Nothwendigkeit, weder die Religion von der Freiheit, die man so prunkvoll verkündete, auszuschließen noch den Katholiken die Religionsfreiheit, zu verweigern, und das Frankfurter Parlament erkannte allen Religionsgesellschaften das Recht zu, ihre Angelegenheiten selbstständig zu ordnen und zu verwalten und im Besitze ihrer Güter und Stiftungen zu verbleiben. Die Schweiz verschmähte es, diesen Grundsatz sich anzueignen. Sie hätte sich erinnern sollen, daß sie darauf verzichten müsse, das Land der Freiheit zu heißen, wenn sie in den kirchlichen Fragen nach Weise der Despoten verfahre; dennoch zeigte sich noch immer, daß man vorzüglich in den Kantonen Aargau und Tessin der katholischen Kirche gegenüber kein anderes Recht als das des Stärkeren kenne. Sehr gerecht und nur zu vielfach begründet waren die Beschwerden, welche die Hochwürdigsten Bischöfe der Schweiz im April 1871 der die Verfassungs-Revision berathenden Bundesversammlung vorlegten. Aber noch vor dem Schlusse des Jahres 1871 begannen Gewaltthaten, welche über die schlimmsten Befürchtungen hinausgingen. Mit besonderer Heftigkeit wandte der Sturm sich wider das Bisthum Basel; es ward an ihm das Aeußerste verübt. Die Regierung von Aargau muthete den Katholiken des Kantones zu, ihrem rechtmäßigen Bischofe den Gehorsam aufzusagen, sich die Synodalverfassung, welche der Staat den reformirten Gemeinden vorgeschrieben hatte, gefallen zu lassen, und ihre Kinder in Schulen zu schicken, aus welchen die katholische Glaubens- und Sittenlehre verbannt wurde, um für einen vom Staate vorgeschriebenen Religionsunterricht, der für alle Bekenntnisse passen sollte, Raum zu schaffen. Solothurn, Bern, Aargau, Baselland und Thurgau legten sich das Recht bei, den Bischof, wenn er ihren Winken nicht gehorche, abzusetzen und erklärten die katholischen Gemeinden für befugt, über Glaubensfragen zu entscheiden, ihre Pfarrer zu wählen und wenn sie die Gunst der Stimmenmehrheit sich nicht zu bewahren verstünden, wieder abzudanken. Durch diese Anmaßungen wird der katholischen Kirche das Recht auf das Dasein abgesprochen: denn ihre Verfassung wird umgestoßen, ihr Glaube angetastet und die Verwaltung ihrer Angelegenheiten von der Willkür des Staates gänzlich abhängig gemacht. Dennoch fordern die Regierungen jener Kantone von den Katholiken die Anerkennung, daß sie dadurch nichts als ihr gutes Recht geübt hätten und Alle, die wider Verfügungen, welche die Grenzen der Staatsgewalt so weit und so offenbar überschreiten, die durch ihr Gewissen gebotene Einsprache erheben, werden von den Behörden behandelt, als hätten sie der Auflehnung gegen die rechtmäßige Obrigkeit sich schuldig gemacht. Man hat Euere bischöflichen Gnaden von ihrem Sitze vertrieben; Geldstrafen werden verhängt, die Bezüge der Geistlichen eingestellt, das Kirchengut mit Beschlag belegt, die Gotteshäuser geschlossen. Damit haben die Feinde der katholischen Kirche sich in ihrer wahren Gestalt gezeigt; jeder, auch der leichteste Schein einer nothdürftigen Duldung ist verschwunden; die Tage offener Verfolgung sind angebrochen. Es bleibt nichts übrig, als daß über die Katholiken, welche Katholiken bleiben wollen, auch Leibesstrafen verhängt werden.

Wir feiern heute das Andenken des heiligen Athanasius. Mit Recht trägt er den Beinamen des Großen; denn die Wirksamkeit, zu welcher Gott ihn berief, war für die Kirche und darum für die Menschheit von der höchsten Bedeutung. Die ursprüngliche, unverhüllte Lehre des Arius zielte nach dem Herzen des Christenthumes, das von der heidnischen Verfolgung kaum erst befreit worden war. Der Sohn Gottes war ihr ein Geschöpf, das zu so hoher Würde und Sendung nur gelangt sei, weil Gott den guten Gebrauch, den es von seiner Freiheit machen würde, voraussah. Wie Arius über die Kirche dachte, geht aus dem Umstande hervor, daß zu Nicäa seine entschiedensten Anhänger, als sie durch die Einstimmigkeit der Bischöfe in Verlegenheit gebracht wurden, behaupteten es müsse nicht nur untersucht werden, was von Anbeginn gelehrt worden, sondern auch, ob man das Recht gehabt habe, so zu lehren. Athanasius hatte schon zu Nicäa durch seine Geisteskraft und Beredtsamkeit hervorgeleuchtet und als er dann auf den Stuhl von Alexandrien erhoben wurde, erkannten die Vertreter des Arianismus bald, daß, so lange dieser Held Gottes ungehindert walte, für sie nichts zu hoffen sei. Mit frevelhafter, doch schlauer Berechnung richteten sie daher alle ihre Bemühungen wider das Glaubensbekenntniß von Nicäa und wider Athanasius. Für keine andere Irrlehre wirkte, um ihr die Herrschaft zu verschaffen, eine solche Reihe weltkluger Männer mit so hartnäckiger Ausdauer und einem so großen Aufwande an Scharfsinn, Verstellungskunst und Hinterlist. Ueberdies verstanden sie, den Arm der weltlichen Gewalt für sich zu gewinnen und bedienten sich desselben ohne Gewissen, ohne Schamgefühl und Erbarmen. Fünfzig Jahre hindurch war es, als hätten alle Mächte der Welt und der Hölle sich wider Christi Kirche verschworen und es kam dahin, daß Hieronymus sagen konnte: „Der Erdkreis wunderte sich, daß er arianisch geworden sei." Aber die wild anstürmenden Wogen brachen sich an Athanasius, den ihnen der Herr als einen unbezwinglichen Fels entgegensetzte; als er zur Ruhe einging, war sein Werk vollbracht und der Kopf der Schlange zertreten; nur mit den letzten Zuckungen des Schweifes vermochte sie einzelne Kirchen noch zu treffen. Der Kampf des Irrthumes wider die Wahrheit, welcher so alt wie die Sünde ist, hat nun seinen Höhepunkt erreicht; dem Menschen einen Seewurm zum Anherrn zu geben und Gott und die Unsterblichkeit für ein Traumbild der noch minderjährigen Menschheit zu halten, wird als die wahre Weisheit, als das Ergebniß der ächten wissenschaftlichen Forschung gepriesen. Nur der Haß gegen das Christenthum, welches den Gelüsten des menschlichen Herzens unbequeme Schranken zieht, hat es möglich gemacht, daß ein so schamloser und alberner, die Vernunft verhöhnender, den Menschen entehrender Wahn in maßgebenden Kreisen zu einer Macht wurde. Durch die Macht jenes Wahnes fühlt nun der Haß wider die Kirche und das Christenthum sich ermuthigt, aller Schaam und Scheu abzusagen, und wo er, wie einst der Arianismus, die weltliche Gewalt zur Gehilfin hat, bis zu Thaten offener Verfolgung vorzuschreiten. Sie, Hochwürdigster Herr Bischof und die Priester des Herrn, die unter Ihrer Leitung den Gläubigen das Brod des Lebens brechen, sind die Ersten, wider welche man mit dem rohen Trotze des Stärkeren unverhüllte Gewalt geübt hat. Sie haben die Kraft der Glaubenstreue bewährt, an welcher alle Kunstgriffe des Arianismus und alle Gewaltstreiche seiner Gönner zu Schanden wurden, und sind dadurch Allen, welchen durch Gottes Zulassung vielleicht das Gleiche beschieden ist, zum Vorbilde und zur Aufmunterung geworden. Aber die Eingriffe der Kantonsregierungen haben zur Folge gehabt, daß für nicht wenige pflichtgetreue Priester die Deckung der Lebensbedürfnisse in Frage gestellt wurden. Die Feinde der Gerechtigkeit wie der Wahrheit haben es darauf abgesehen, solche Verlegenheiten herbeizuführen. Sie messen die katholischen Priester nach dem Maßstabe, der für die Handlanger der Aufklärung gilt, welche, wenn durch Wühlerschriften kein Geld zu verdienen und von Wühlerthaten kein Vortheil zu hoffen, wohl aber dafür Strafe zu fürchten wäre, ihre Fahne in größter Eile verlassen würden. Doch für die katholischen Länder, welche, nicht etwa wie Spanien, für eine dem äußersten Mangel preisgegebene Geistlichkeit zu sorgen haben, ist es eine Pflicht und eine Ehrenschuld, das Ihrige beizutragen, damit den Dienern Gottes, welche in der Schweiz um der Gerechtigkeit willen Verfolgung leiden, das tägliche Brod gesichert sei. Ich übersende daher 3000 Francs und bitte Sie, Hochwürdigster Herr Bischof, dieselben für die Geistlichen Ihres Kirchensprengels, welche

durch die Willkürmaßregeln der Kantonsregierungen in ökonomische Ver=
legenheiten gerathen sind, nach Ermessen zu verwenden.

„Ich habe die Welt besiegt," sprach der Heiland zu seinen Jüngern.
Auf ihn, der zur Rechten des Vaters sitzt, wollen wir vertrauen und
die Kirche Gottes wird durch die Bedrängnisse, die von allen Seiten
wider sie hereinbrechen, nicht erschüttert, sondern gekräftigt und verjüngt
werden. Ich ergreife diesen Anlaß, um die aufrichtigste Hochachtung
und innigste Theilnahme auszudrücken, womit ich verharre.

2) **Schreiben S. H. des Fürst=Primas von Ungarn** (d. d.
12. Juni 1873.)

Männer, welche gegenwärtig die Gewalt in einigen, zu Ihrem
Bisthum gehörenden Kantonen führen, richten ihr Streben und ihr
Handeln auf die Unterdrückung und Vernichtung der katholischen Religion.

In der That, wenn man einen Blick auf die jüngsten Vorgänge
und Anmaßungen dieser Männer wirft, wenn man betrachtet, wie sie
z. B. die Gültigkeit der Dogmen von der Zustimmung des Volkes ab=
hängig machen, die bischöfliche Jurisdiction den Gutdünken der Staats=
gewalt unterwerfen, die Sendung der Pfarrer nicht vom Bischof, als
der vom hl. Geist gesetzten Autorität, sondern von einer Volkswahl
ausgehen lassen wollen, wenn man diese und ähnliche Gesetze und Ver=
ordnungen prüft, so sieht man, daß ihre Ausführung den gänzlichen
Ruin des Glaubens und der katholischen Kirche in diesen Gegenden
herbeiführen müßte.

Weil Sie, hochwürdigster Bischof, diesen verderblichen Versuchen
Widerstand geleistet haben, weil Sie fortwährend ihr bischöfliches Amt
als eine von Christus und der Kirche zum Seelenheile der Gläubigen
Ihnen übertragene Gewalt und nicht als eine von der weltlichen Obrig=
keit abhängige Function ausgeübt, weil Sie die Ränke der schismatischen
Perfidie erkannt und vereitelt, — weil Sie denjenigen, welche den
katholischen Glauben zu untergraben suchen, die Hand nicht gereicht und
auch nicht einmal durch Stillschweigen mit ihnen sich abgefunden, mit
einem Worte „weil sie die Gerechtigkeit geliebt und die Ungerechtigkeit
verabscheut" haben: deßwegen mußten Sie und müssen Sie heute noch
von Seite der Bösen nicht nur Widerspruch sondern selbst offene und
brutale Verfolgung erdulden. — Und in diesem Kampfe leidet nicht
nur der Bischof, sondern mit ihm leidet auch die treue Geistlichkeit des
Bisthums, welche sich weder durch Schmeicheleien gewinnen noch durch
Maßreglungen einschüchtern läßt, um auch nur eine Linie von dem

Wege der Pflicht und dem ihrem Oberhirten schuldigen Gehorsam abzuweichen. Gerade diese unüberwindliche Standhaftigkeit ist es, hochwürdigster, gnädigster Bischof, welche sie im Kreise ihrer bischöflichen Amtsbrüder auszeichnet, und die unter allen übrigen Tugenden Ihrer Seele hervorleuchtet und die ich hier vorzüglich betone. Durch diese Standhaftigkeit haben Sie eine Stelle unter jenen glorreichen Bischöfen erworben, deren Ehre und Ruhm die Kirche beständig verkünden wird, weil sie vorgezogen haben, eher den Verlust ihrer Güter, Gefangenschaft, Entsetzung von ihren Stühlen, Verbannung, Verhöhnung, Beschimpfung und selbst Folter zu erdulden, als die Rechte der Kirche zu verrathen und sich von dem Stuhle Petri zu trennen, mit welchem sie nach dem hl. Cyprian, „wenn die Zweige mit dem sie ernährenden Stamme" verbunden sind.

Deßwegen flehe ich zu Gott dem Allmächtigen, daß er Sie durch seine Gnaden stärke; — auch daß Sie in diesem großen, ohne und gegen ihren Willen entstandenen Kampfe weder von den Steinen getroffen, noch von den schäumenden Wogen verschlungen, noch in den Ihnen gelegten Schlingen gefangen werden mögen, sondern daß die Hand des allmächtigen Gottes Sie in allen diesen Gefahren schützen möge.

Genehmigen Sie die Huldigung meiner aufrichtigen Verehrung; Ihr Gnaden ergebener Diener und Bruder in Jesus Christus.[1])

3) **Schreiben S. Exz. des Fürst-Erzbischofs von Salzburg und des gesammten Episcopats dieser Kirchenprovinz** (d. d. 20. Mai 1873.

Empfangen Ew. bischöfl. Gnaden, Namens unser Aller die Kundgebung unseres tiefsten Schmerzens, die wir solidarisch mit Ew. Liebden theilen über die unerhörte Vergewaltigung der Katholiken, deren Schauplatz die sogenannte „freie" Schweiz, zunächst die altehrwürdige Diözese Basel-Solothurn geworden ist, und die sich allda über ihren ausgezeichneten Oberhirten und seinen pflichttreuen Klerus entladen hat.

Empfangen Hochdieselben aber auch den unverhohlenen Ausdruck unseres Beifalles und unserer einmüthigen Zustimmung zu den Schritten, welche Sie unternommen haben, um die Hochihrer bischöflichen Obhut unterstellten katholischen Interessen gegen die schreienden Verletzungen des natürlichen sowohl als vertragsmäßigen Rechtes seitens der Staats-

---

[1]) Dieser Zuschrift legte S. H. der Fürst-Primas von Ungarn zugleich eine Liebesgabe von Fr. 2500. für die verfolgte Geistlichkeit des Bisthums Basel bei.

gewalt nach Kräften zu wahren. Sie haben es gethan in vorbehalt=
loser Hingebung an Ihre Hirtenpflicht, aber auch mit einer Selbstent=
äußerung, die an die schönsten historischen Vorbilder katholischen Opfer=
muthes erinnert.

Ihr wackerer Klerus, der Ihnen darin musterhaft zur Seite steht,
theilt das unvergängliche Verdienst, das sich durch diese Hirtentreue
Ew. Gnaden um die Gläubigen Ihrer Diözese, durch das allerwärts
leuchtende Beispiel aber, das Sie geben, um uns und Alle erworben
haben, deren Sache die gemeinsame der Kirche ist.

Empfangen dafür Hochdieselben unsererseits den wärmsten Dank,
und kann zu dem Troste, den Sie aus dem Bewußtsein so opfermuthiger
Pflichterfüllung reichlich zu schöpfen vermögen, auch diese unsere innige
Theilnahme Einiges beitragen, so bitten wir, die Versicherung entgegen=
zunehmen, daß wir den weiteren Verlauf Ihrer schwer wiegenden An=
gelegenheit mit inbrünstigem Gebete zu begleiten und einen glücklichen,
ruhmvollen Ausgang Ihnen und Ihren Kampfgenossen von dem Herrn
zu erbitten nicht ablassen werden, »ut cum apparuerit princeps pas-
torum, percipiatis immarcessibilem gloriae coronam.«

4) **Schreiben des gesammten Deutschen Episcopats von
Preußen, Bayern, Württemberg und Baden**[1]).

Hochwürdigste Herren! Hochverehrteste Mitbrüder!

Mit inniger Theilnahme haben wir die Nachrichten von der schweren
Trübsal und Verfolgung vernommen, von denen unsere hl. Kirche in
der Schweiz und insbesondere die Hochw. H. H. Bischöfe zu Basel und
Genf gegenwärtig heimgesucht sind. Die staatlichen Diözesanstände
einiger Kantone des Bisthums Basel und die Regierung von Genf
haben, die Grenzen und Pflichten der Staatsgewalt nicht achtend, die
Beschlüsse akatholischer und schismatischer Majoritäten an die Stelle
göttlicher Vorschriften zu setzen, durch ihre Machtsprüche die wohler=
worbenen Rechte der Kirche zu vernichten und die heiligsten Güter den
Gläubigen zu entziehen versucht. Sie haben mit Verachtung der ver=
fassungsmäßigen Rechte der Kirche sich die Entscheidung über Glaubens=
lehren, kirchliche Disciplin und Ernennung der Kirchendiener angemaßt,
die Verbindung mit dem Oberhaupte der Kirche zu hemmen und die
Kirche selbst in eine Staatsanstalt zu verwandeln gesucht. Ja, die ge=
nannten Regierungen haben sich nicht gescheut, die Hochw. H. H. Bi=

---

[1]) Dieses Schreiben ist an den hochwstn. Bischof Lachat und an den
hochwstn. Bischof Mermillod gerichtet.

schöfe von Basel und zu Genf wider alles göttliche und menschliche Recht ihres Amtes und Einkommens zu entheben und sogar über den Hochw. Hrn. Bischof in Genf die Verbannung aus dem Lande zu verfügen.

Wenn schon nach dem Worte des Apostels I. Cor. 12, 26. — alle Glieder des Leibes der Kirche mitleiden, wenn ein Glied leidet, dann mußte die jetzt gegen unsere Hochw. Mitbrüder in der Schweiz entbrannte Verfolgung um so mehr uns in Mitleidenschaft und tiefe Betrübniß versetzen, als auch schon in mehreren deutschen Ländern die Kirche sich in ähnlichen Leiden und Kämpfen für ihre Freiheit und Rechte befindet. Ja, gegen die Kirche haben sich in unserer Zeit fast überall ihre Feinde im Bunde mit der Gewalt wie zu einem Heerlager verbunden, um einen Vernichtungskampf gegen die Braut Jesu Christi zu führen.

Die wahrhaft apostolische Standhaftigkeit aber, welche Ihr, Ehrwürdige Brüder, den Gewaltthaten Eurer Widersacher entgegengesetzt habt, hat uns mit Bewunderung erfüllt, uns erfreut und gestärkt. Wie eine Mauer habt Ihr Euch vor das Haus Israel gestellt — Ezechiel, 13. 5 — die Kirche Jesu Christi, ihre Freiheit und ihre Rechte zu vertheidigen und die Pflichten Eures oberhirtlichen Amtes treu zu erfüllen. Durch Eure muthige und opferfreudige Standhaftigkeit seid Ihr für Engel und Menschen ein Schauspiel geworden.

Der Kampf eines Bischofes für die Freiheit der Kirche ist aber ein Kampf der ganzen katholischen Kirche; Christus selbst kämpfet und wird bekämpfet in ihm. — St. Cyprian ep. VIII. ad martyr. —

Darum hat auch der sichtbare Statthalter Christi, unser heiliger Vater, der selbst mitten in seiner Trübsal und schweren Bedrängniß sein höchstes Hirten= und Wächteramt nimmer versäumt, Euch vor aller Welt Zeugniß gegeben, die Ungerechtigkeit Eurer Feinde verurtheilt und Euch in der Ausübung Eurer bischöflichen Pflichten gestärkt, indem Er Euren Kampf für die Existenz und Freiheit der Kirche für einen Kampf der katholischen Welt erklärte.

In gleicher Gesinnung und in voller Uebereinstimmung mit Euch, hochwürdigste Brüder, haben alle Bischöfe der Schweiz, der rechtgläubige Klerus und das katholische Volk laut ihre Stimme erhoben für die Sache der Wahrheit und des Rechts; sie sind mit Euch bereit, lieber Alles zu dulden, als den katholischen Glauben und die Freiheit der Kirche zu verlieren, Menschen mehr als Gott zu gehorchen. Mit ihnen stehen auch wir, wie alle Oberhirten und alle treuen Kinder

der Kirche in der ganzen Welt, in diesem großen und ruhmvollen Kampfe um die höchsten Güter auf Eurer Seite, theuerste Brüder, wir mit unserem Klerus und allen Gläubigen eng verbunden, fest entschlossen mit Gottes Gnade eher jedes Opfer zu bringen, als die Pflichten unseres Amtes zu übertreten.

Unser göttliches Oberhaupt Jesus Christus aber, der die Freiheit seiner Kirche mehr liebt als alles Andere, und der uns verheißen hat, stets bei uns zu sein, Er wird seine Kirche zum Siege, zur Freiheit führen.

Darum flehen wir zu Ihm für Euch, wie für uns und verharren mit vollkommener Hochachtung und brüderlicher Liebe im Herrn.

5) **Schreiben Französischer Bischöfe** (d. d. 27. u. 28. Mai 1873.)

Bischöfliche Gnaden!

Die in Chartres den 27. und 28. Mai zur Verehrung der seligen Jungfrau in deren altehrwürdigem Heiligthum versammelten Erzbischöfe und Bischöfe lassen Ihnen den Ausdruck ihrer innigen Antheilnahme und ihrer Bewunderung zukommen. Mit Recht; denn indem Eure Gnaden die Rechte ihres bischöflichen Stuhles von Basel vertheidigen, dienen Sie zur Schutzwehr für diejenigen aller katholischen Bischöfe. Die Gegner Eurer Gnaden, die so schroff dem Beispiele ihrer Vorväter, unter denen die katholische Religion in der Schweiz sich der freien Ausübung erfreute, trotzen, erlassen Beschlüsse und verhängen Maßnahmen, deren Ziel direkter Weise auf den Umsturz der ganzen Organisation der katholischen Kirche geht. Zu diesem Behuf setzen sie sich nicht bloß über die Gesetze der Gerechtigkeit hinweg, sondern entblöden sich nicht, eine absolute und schrankenlose Gewalt selbst über alles, was die geistliche Leitung der Seele betrifft, sich anzumaßen und unterfangen sich sogar die Bande zu zerreißen, welche zwischen dem Diözesanoberhirten und den ihm anvertrauten Gläubigen bestehen müssen. Nach ihrer Anschauungsweise sollte die katholische Kirche sich in eine bürgerliche, rein menschliche Gestalt umwandeln und jeden Charakter höhern, göttlichen Ursprungs von sich abstreifen!

Von daher für Sie, Gnädigster Herr, die Nothwendigkeit festen Widerstandes und in der That haben Sie ihn diesen Anmaßungen und Uebergriffen gegenüber mit einer Entschiedenheit und Kraft geleistet, die der apostolischen Zeiten würdig sind. Laut riefen sie Jenen zu: **Wir dürfen nicht:** Wir können solchen Beschlüssen unmöglich uns unterziehen: wir wollen lieber alles Irdische, ja das Leben selbst ver=

lieren, als von unserer Pflicht abgehen und mit dem Gesetze der Pflicht markten. Wir sprechen zu Ihren Handlungen und gethanen Pflichten, Hochwürdigster Bischof, unsern Beifall und unsere Bewunderung vor Ihrem Muthe aus, mit dem Wunsche, es möge diese Kundgebung unserer Gesinnung Eure bischöfliche Gnaden, in Mitte der herben Prüfungen, die über Sie ergehen, zum Troste gereichen und ihren Muth stärken zu dem guten Kampfe, den Sie bestehen. —

Also gegeben in der bischöflichen Residenz zu Chartres Seitens der versammelten Bischöfe.¹)

8) **Schreiben Italienischer Bischöfe** (d. d. Caravaggio, 19. März 1873.²)

Mit welchen Lobes=Erhebungen, um Worte des hl. Cyprian zu gebrauchen, sollen wir Sie, muthvolle Glaubenszeugen preisen? Mit welchen Worten des Beifalls die Kraft Ihrer Ueberzeugung und die Standhaftigkeit Ihres Glaubens bezeichnen? Dem Streite Gottes, dem geistigen Kampfe, der Schlacht Jesu Christi haben wir mit Bewunderung zugeschaut. Weltlicher Geschosse zwar entbehrend, jedoch mit den Waffen des hl. Eifers versehen, sind Sie da gestanden, in höherer Kraft, mit ungebeugtem Muth und freier Stimmerhebung. Wahrlich, die Wuth der Sekten, so gegen Sie zu toben sich vermaß, vermochte Ihre unüberwindliche Glaubenstreue nicht zu beugen.

Gott, der Herr, der uns in jeglicher Trübsal tröstet und uns im Heiligthum der seligsten Jungfrau und Gottesmutter Maria zu Caravaggio, wohin wir uns als Pilger in Begleit einer unzählbaren Menge Gläubigen begeben haben, mit unaussprechlicher Freude erfüllt, hat unsere Theilnahme auch auf Sie, erleuchtete Verfechter der Sache der hl. Religion, gerichtet. Wir rühmen uns der völligsten Gemeinschaft mit Ihnen und erblicken gewiß mit allem Recht in der Festigkeit und Beharrlichkeit, womit Sie um des Namens Jesu willen die Leiden der Verbannung standhaft ertragen, ein Zeichen und Unterpfand eines für die Kirche nahenden Triumphes.

---

¹) Ueberdies haben **französische Bischöfe** besondere Hirtenschreiben an ihre Diözesanen über die **schweizerischen** Vorgänge gerichtet und zu Liebesgaben eingeladen. Wir bedauern, wegen Raummangel dieselben hier nicht abdrucken zu können, namentlich die Hirtenschreiben des **Erzbischofs von Paris** und des **Bischofs von Orleans**.

²) Dieses Schreiben ist an die beiden hochwst. Bischöfe **Lachat** und **Mermillod** adressirt.

Die erhabenen Beispiele der Glaubenstreue und des apostolischen Muthes, welche Sie hochwürdigste Herren Amtsbrüder! uns vor Augen stellen, kommen unserer Schwäche zu Hülfe und ermuthigen uns, mit Entschiedenheit in die Schlachtreihe unseres Herrn Jesu Christi einzutreten. Welch' Glück ist es nicht, uns bei dieser herben Zeitlage und der Menge so vieler Uebel, ungeachtet der weiten Entfernung, im Glauben und im Bekenntniß des Glaubens vereinigt zu wissen? Gewiß gelangen wir dadurch zum endlichen Siege der Kirche. O so möchte dann der glückliche Tag herannahen, wo Helvetia ob Ihrer so innigst ersehnten Rückkehr auf die verwaisten Stühle ihr Trauergewand ablegen kann, wie einst Italia ob der Heimkunft des hl. Bischofes Eusebius von Vercelli aus seiner Verbannung!

Inzwischen wollen Sie Hochwürdigste Herren! — (wir bitten darum) — diese bedeutungsvollen Anzeichen einer bessern Zukunft, sowie die beredtesten Bezeugungen unserer Bewunderung und Verehrung genehm halten, während wir uns selbst und die unserer Obsorge anvertrauten Heerden Ihrem Gebete angelegentlich empfehlen.

Gegeben im Tempel der seligsten Jungfrau und Gottesmutter Maria zu Caravaggio, im Bisthume Cremona, am Patronsfeste des hl. Joseph 1873.[1])

9) **Schreiben der kath. Bischöfe Englands an die schweizerischen Bischöfe und Priester (d d 24. April 1873.)**

Der Erzbischof und die Bischöfe von England entbieten den Bischöfen und Priestern der katholischen Kirche in der Schweiz Gruß und brüderliche Liebe!

Es ist für Euch, geliebte Brüder, nichts Neues, dem Hasse der Ungläubigen Euch ausgesetzt zu sehen und von den verschworenen Glaubensfeinden Verfolgung und Bedrängniß zu erdulden; denn seit drei Jahrhunderten hatte die katholische Kirche in der Schweiz viele feindliche Angriffe zu bestehen und sie hat dieselben unter Gottes Schutz immer siegreich bestanden. In unsern Tagen haben sodann die Verbannten und die Flüchtlinge aus aller Herren Ländern, darunter viele hinterlistige Verschwörer, in Eueren gastfreundlichen Thälern und auf Eueren abgelegenen Bergen sich Zufluchtstätten und verborgene Winkel aufgesucht und darin

---

[1]) Die ehrwürdigen Oberhirten hatten sich am Wallfahrtsorte der Mutter Gottes zu Caravaggio versammelt, im Beisein einer großen Volksmenge. Bei diesem Anlasse wurde die Ansprache verfaßt und an unsern Hochwürdigsten Bischof abgesendet.

sich festgesetzt. Wie kann man sich daher verwundern, wenn die Feinde der Wahrheit und des Gehorsams gegen Euch — die wachsamen Hirten der Kirche Gottes und gegen Euere gläubigen Heerden sich erheben und zügellos ihre volle Leidenschaft entfalten!

Mehrere aus unserer Reihe haben schon in früheren Jahren Eueren ausgezeichneten Mitbruder, den Herrn Bischof von Lausanne und Genf, als Verbannten und Bekenner der kirchlichen Autorität in Rom gesehen und mündlich ihm ihre Huldigung dargebracht. Heute sehen wir den vortrefflichen Herrn Bischof von Hebron (in Genf) gleich einem Sohne den Fußstapfen des Vaters nachfolgen und für die gleiche hl. Sache in die Verbannung geworfen. Auch jene alte Kirche von Basel, welche einst die verwerflichen Anschläge der Bösen gegen den hl. Stuhl beweinte und verabscheute, blickt heute mit Hochverehrung und freudiger Stimmung auf ihren unbesiegten Oberhirten hin, der vor seinem treubewährten Klerus und Volke ausharrt, in dem losgebrochenen Kampfe auf der ersten Schlachtlinie kämpft und für die gerechteste Sache Beraubung und Verfolgung zu erdulden hat.

Diese unwürdigen Verfolgungen der Hirten Jesu Christi gereichen der Schweiz zur Schande, Euerer Kirche aber zum hohen Ruhm; denn die gehässige und ohnmächtige Verschwörung der Glaubenslosen und der Bösen mußte nach Gottes Leitung zum Anlaß dienen, vor den Augen der gesunkenen Völker die Standhaftigkeit der Bischöfe, die Einigkeit des glaubenstreuen Klerus und die innige Verbindung der Heerden und der Hirten auf glänzende Weise darzulegen.

Alle Bischöfe, Priester und Christgläubigen des katholischen Erdkreises bringen Euch ehrwürdige Brüder, ihre besten Wünsche dar; sie werden Euer erhebendes Beispiel als ein Vorbild für die Geistlichkeit und das Volk zur Nachahmung sich stets vor Augen halten.

Wir sprechen Euch für die edle Standhaftigkeit unseren tiefgefühlten Dank aus und wünschen Euch und Euerem Clerus und Volke den vollen Trost, die Obhut und den Schutz des guten Hirten im heiligsten Herzen Jesu.

Westminster (London), am Feste des heiligen Georg M. 1873.

10) **Schreiben der Bischöfe Holland's** (d. d. 20. Febr. 1873.)

Ehrwürdigster Bruder! Jeder Tag bringt uns neue Kunde von den Stürmen, welche die Mächte der Finsterniß gegen die katholische Kirche und das fromme, christgläubige Volk des Bisthums Basel erregen. Die geheiligten Rechte der Kirche werden bestritten und die religiöse Freiheit auf's schnödeste verletzt, der Hirte wird geschlagen und die Heerde zerstreut, einen Miethling im Hirtengewand, welchem die Schafe nie und nimmer angehören, sucht man deiner Heerde, ehrwürdigster Bruder, aufzudrängen, und hierdurch, wenn's möglich wäre, auch die auserwählten Gläubigen in Irrthum zu führen.

Solch' empörende Ungerechtigkeit und himmelschreiende Frevel erfüllt auch unser Herz mit Unwillen und Trauer, und mit Dir beklagen wir die Gefährdung der Gutgesinnten und das Verderben so mancher unsterblichen Seele.

Möge die Stunde dieser Macht der Finsterniß durch die Barmherzigkeit Gottes abgekürzt werden, und der Baum des Lebens, jetzt von Sturm und Gewitter umbraust, seine Wurzeln nur um so tiefer und lebenskräftiger in die Erde senken, um recht bald das gesammte Schweizervolk unter seinen schützenden Aesten zu vereinigen!

Inzwischen aber, ehrwürdigster Bruder, blicken wir mit unsäglichem Troste und freudiger Zuversicht auf die unerschütterliche Glaubenstreue Deiner Heerde, auf deren innige Verbindung mit dem Oberhirten, auf die ausdauernde Kraft Deines Klerus, ganz besonders aber auf die Wachsamkeit, die Klugheit und Alles besiegende Liebe zum Stellvertreter Christi und seiner Kirche, welche Dich, den Hüter des hl. Weinberges, auszeichnen. Ja, Lob, Preis und Danksagung sei Gott dem Allmächtigen, welcher Dir „den Mund der Weisheit gegeben, dem alle Deine Widersacher nicht obsiegen werden!"

Beraubung, Schmähreden, Bedrückung und Kampf sind zur Stunde Dein Antheil. Allein im Kreuze ist Heil! Selig die Trauernden! Durch Kampf zum Sieg! Des Herrn ist der Kampf, welchen Du führest: sei überzeugt, daß wir Dich hiebei im Geiste begleiten durch unsere inbrünstige, brüderliche Fürbitte, auf daß der Herr in seiner Kraft das unterdrückte Volk und das mit Füßen getretene Recht wieder aufrichte, die Feinde aber — nach heilsamer Demüthigung und Buße — in den Mutterschoß der hl. Kirche zurückführe!

11) **Schreiben der Bischöfe der Afrikanischen Kirchenprovinz** (d. d. 21. Juni 1873.)[1])

Zum erstenmal sind wir zur Abhaltung eines Provinzialconcils in Algier versammelt, um gesegnet durch Papst Pius IX. mitten unter einem während langer Zeit barbarischen Volke die Rechte Gottes und der Kirche zu verkünden. Wir fühlen das Bedürfniß, Ihnen hochwürdigste Herrn, unseren Schmerz auszusprechen, daß diese nämlichen Rechte mißkannt und verletzt werden in einem Lande, das ein Land der Freiheit zu sein schien.

Die gegen Sie auftretende Verfolgung erfüllt uns mit ehrfurchtsvoller Bewunderung für Ihre Personen, aber auch mit tiefer Trauer. Nicht theilnamlos können wir sehen, wie unkatholische Magistrate dem ehrwürdigen Bischof von Basel seine Schriften, seine Bücher, seine Wohnung wegnehmen, ihm die Ausübung der geistlichen Funktionen verbieten und in unerhörter Weise öffentlich verkünden: der Bischof von Basel hat aufgehört Bischof zu sein.

Wir können keiner menschlichen Gewalt, heiße sie wie immer, das Recht zu erkennen, einen Bischof abzusetzen und ihn seines geweihten

---

[1]) Dieses Schreiben ist an Ihre Gnaden die Bischöfe Lachat und Mermillod gerichtet.

Charakters zu entkleiden. Keine menschliche Gewalt hat aus irgend welchem Grunde oder in irgend welcher Weise dieses Recht; und wenn eine Schweizerische Regierung einen durch seine Arbeiten, Verdienste und Tugenden ausgezeichneten Prälaten sogar angeht, selbst diese seine Entsetzung zu unterzeichnen, so verletzt sie denselben im Heiligsten und wir sind darüber entrüstet.

Nicht weniger schmerzlich fielen uns die Vorgänge in Genf. Die Geschichte wird einst erzählen, wie in Genf die Freidenker, obschon im Besitze der öffentlichen Macht, der Akademie, der Finanz, der Tribüne, der Presse, den freien Kampf der Intelligenz und des Opfersinns mit einem Bischof fürchteten, der keine andere Waffe als die Waffe seines Glaubens und seiner Armuth besaß. Sie wird berichten, wie diese Freidenker ihn im Geheimen ergriffen, und unter polizeilicher Begleitung plötzlich über die Grenzen führten, gleich als wäre seine Gegenwart eine öffentliche Gefahr. Im Mitgefühl mit diesen seinen Leiden, sind wir glücklich, daß Frankreich ein Asyl dem von Genf verfolgten Bischof gewährte, ihm welcher ja selbst jüngsthin unseren vertriebenen, französischen Soldaten so viel Liebe erwiesen hatte.

Bischöfliche Gnaden! Ihre Vertreibung schließt die Verletzung des Schweizerrechts, die Befleckung der Ehre, die Verhöhnung des öffentlichen Glaubens, die Zerreißung der Verträge, die Mißkennung der Gewissenspflichten, die Gefährdung der sozialen Bande in sich; aber in ihrer Vertreibung zeigt sich auch im vollen Glanze die Würde des bischöflichen Charakters und die Rechte des Papstes, welche nichts anders sind als die Rechte Gottes auf die Seele des Menschen.

Mögen Ihre bischöflichen Gnaden bald in ihre geliebte Residenz zurückkehren und in den Falten ihres Bischofskleides alle Segnungen zurückbringen, welche mit Ihnen vertrieben wurden; mögen Sie bald wieder eintreten in die Ausübung ihrer bischöflichen Rechte, welche unter dem Schutze des Papstes unvergänglich und unverführbar sind.

Empfangen Sie, bischöfliche Gnaden, unsere Anerkennung für den Muth, die Geduld, den Heroismus, mit welchem Sie die Rechte der Kirche vertheidigt haben; wir Bischöfe und Priester in Algier sind Ihnen hiefür zum Dank verpflichtet. In Afrika waltet zwar die kirchliche Freiheit, welche der Degen Frankreichs diesem Lande gegeben und fortwährend erhalten, aber dennoch fühlen wir hier die Nachwehen, welche die Despotie der ehemaligen Herrscher in den Seelen der geknechteten Unterthanen erzeugt hat. In Afrika lieben wir es die Worte zu wiederholen, welche durch die Bischöfe und die Priester der Schweiz soeben einen neuen Glanz erhalten haben: „Non sumus ancillae filii, „sed liberae; libera autem est ista, quae sursum est, Jerusalem, „mater nostra."

Empfangen, Ihre bischöfliche Gnaden, den Ausdruck der schmerzvollsten Sympathie und die Huldigung der tiefsten Ehrfurcht, von ihren Dienern und Brüdern in Christus.